느린 학습자를 위한 문해력

천천히
생각하는 아이가
읽고 이해하고
쓰기까지

박찬선 지음

학교
도서관
저널

들어가며

최근 느린 학습자에 대한 강연 요청이 꽤 많아지고 있습니다. 강연 현장에서 학부모님들과 선생님들은 이렇게 묻곤 합니다.

"어떻게 하면 공부 의욕을 갖도록 할까요?"

"학습의 한계가 있다고 느껴지는데 일찌감치 마음을 내려놓는 것이 좋지 않을까요?"

"책을 잘 읽는 것 같은데 읽고 나서 내용을 물어보면 전혀 대답을 못 해요. 도대체 왜 그럴까요?"

오늘날 교육 환경은 10여 년 전과 크게 달라져서 더 이상 학교 공부가 전부가 아니게 되었지만, 의무교육 기간은 모든 국민이 자신의 삶을 주체적으로 살아가기 위한 최소한의 시기로, 학생들이 기본적인 삶을 누릴 수 있도록 국가가 정한 기초 교육 과정을 따라가지 못하는 학생들은 너무도 힘든 기간을 보내게 됩니다.

특히 느린 학습자들은 학교에서 제공하는 교육내용을 버겁고 힘들다고 느끼는 경우가 많습니다. 들어도 이해할 수 없고, 읽고도 무슨 내용인지 모르는 시간은 느린 학습자들에게 커다란 짐처럼 느껴지고, 급기야 학교에 다니지 못하게 되는 원인이 되기도 합니다.

　실제로 현장의 선생님들은 최근 느린 학습자들이 크게 늘어났음을 실감한다고 말합니다. 전문가들은 이러한 현상을 코로나19 확산과 관련 지어 분석하기도 합니다. 제대로 된 학교 생활이 어려운 시기를 오래 겪으면서 공부하는 습관이 무너지고 집중력이 낮아지거나 학습에 대한 의욕도 동기도 갖지 못한 느린 학습자들이 늘어났다는 것입니다. 어떻게 하면 느린 학습자들이 제대로 학습하고 잘 적응하도록 도울 수 있는지 관심과 연구가 집중되고 있습니다.

　느린 학습자들의 어려움은 '문해력'의 부족과 관련이 깊습니다. 읽기와 쓰기에 관한 기초적인 지식을 배우는 과정이 지나면 본격적으로 교과서를 통해 교과 주제에 관한 지식을 배우게 됩니다. 글을 읽고 이해하는 능력 즉 문해력이 부족한 느린 학습자들은 교과서를 보고 무슨 내용인지 이해할 수 없고 머리만 아프게 되는 것이죠.

　문해력은 단순히 글자의 음을 소리 내어 읽는 것을 의미하지 않습니다. 글자의 의미, 낱말의 뜻, 문장의 내용을 아는 것을 말합니다. 나아가 문장들이 모여 있는 글 속에서 글쓴이가 말하고자 하는 것을 알게 되는 과정이며 이에 대한 자신의 의견이나 생각을 덧붙여 말할 수 있는 것을 의미합니다. 따라서 문해력은 의미를 파악하여 이해하는 것뿐 아니라 스스로 생각하고 생각한 것을 정리할 줄 아는 능력을 말합니다. 결국 문해력은 일종의 사고력이라고 할 수 있습니다. 글을 읽고 생각하는 능력, 언어 사고력인 것입니다.

느린 학습자들은 어려서부터 언어발달이 더디고 언어치료를 받아야 할 정도의 어려움을 겪기도 합니다. 그러다 보니 글을 익히는 것도 글의 내용을 이해하는 것도 쉽지 않습니다. 하지만 생각해 보십시오. 느린 학습자가 글과 친숙해지고, 읽고 이해하는 과정에 재미를 느끼게 되면 언어 발달과 언어 사고력이 향상되는 데 속도가 붙지 않겠습니까?

이 책에서는 느린 학습자들이 마주하는 어려움을 하나하나 따져서 문해력을 쉽게 가르치는 구체적이고 실천적인 방법을 소개하고 있습니다. 느린 학습자들의 전반적인 학습 양상과 특징을 살펴본 다음 문해력 교육의 기본이 되는 읽기 유창성, 문법 교육, 추론과 연결, 단계적인 내용 이해 방법 등을 순차적으로 다루었습니다. 느린 학습자에게 꼭 필요한 생각의 틀을 갖추고 표현력을 키우는 글쓰기 교육도 담았습니다. 또한 문해력 교육의 완성은 결국 '읽기의 매체'인 책을 가까이하는 독립적인 학습자로서 평생 배움의 삶을 살아가게 하는 데 있다는 생각에, 느린 학습자의 독서 교육에도 비중을 두어 설명했습니다.

어떤 부분은 간단하여 쉽게 가르칠 수 있을 것이나 어떤 부분은 조금 복잡하다고 생각되기도 할 것입니다. 하지만 차근차근 느린 학습자들과 함께 해나가다 보면 어느새 글의 내용을 쉽게 파악하고 논리적으로 내용을 말할 줄 아는 느린 학습자를 발견하게 될 것입니다. 저는 이러한 통쾌한 상황(느린 학습자가 논리적으로 말하는 상황)을 떠올리며 이 글을 썼습니다. 책만 펼치면 한숨 쉬거나 기가 죽던 모습을 벗어던지고, 읽기를 친숙하게 느끼며 당당하고 멋지게 자신의 생각을 말하는 모습, 그 모습이 불가능한 일이 아님을 간절히 이야기하고 싶었습니다.

느린 학습자들이 한계를 이겨내고 마음껏 공부하고 자기 생각을 펼칠 수 있도록 차근차근 문해력 지도를 해보시기 바랍니다. 어쩌면 느리고 더디게 흘러가는 여정일 수 있지만 언젠가는 꼭 목표 지점에 도착하고야 말 여정이라는 믿음으로 늘 여러분을 응원합니다!

느리지만 끝내 한계를 넘어서리라고 믿는 모두를 응원하며
박찬선

차례

들어가며 _ 4

Part 1. 느린 학습자가 문해력을 갖추려면?

느린 학습자는 누구인가? _ 15
느린 학습자에게 왜 문해 지도를 해야 할까? _ 20
문해 지도를 하면 무엇이 좋은가? _ 24
문해 지도의 어려움 _ 31
느린 학습자의 글 읽기 특성 _ 38
느린 학습자의 읽기능력 발달 _ 44
느린 학습자를 위한 문해 지도의 방향 _ 51

Part 2. 독해력보다 유창성 연습이 먼저

글자를 읽는다고 글이 이해되는 것은 아니다 _ 61
읽기 유창성이 완성되지 않은 아이들 _ 63
올바른 유창성 지도방법 _ 71
읽는 책의 수준 높이기 _ 79
적절한 책의 기준 _ 85

Part 3. 느린 학습자에게 필요한 기본 문법

읽기와 문법 _ 97
느린 학습자에게 문법 지식이 필요한 이유 _ 100
느린 학습자가 배워야 할 문법 _ 108

Part 4. 글 읽기를 위한 추리력 기르기

추리로 알 수 있는 것 _ 131
빠진 정보의 추리 _ 134
공감적 읽기 _ 140
경험과 연결하기 _ 152
맥락 파악과 예측하기 _ 159

Part 5. 문단 단위로 생각하기

문단이 중요한 이유 _167
느린 학습자가 문단 이해하기 _170
문단을 가르치는 방법 _177
문단의 구성과 글쓴이의 생각 _182
글 전체와 문단의 이해 _189

Part 6. 읽기를 위한 이해의 틀

이해의 틀이 왜 필요한가? _199
이해의 틀을 가르치는 순서 _204
그림으로 상상하기 _208
무엇, 왜, 어떻게 _216
스토리 그래머 _221
스토리 그래머에 맞춰 말하기 _226
그래픽 조직자 _228

Part 7. 느린 학습자를 위한 글쓰기

느린 학습자가 글쓰기를 해야 하는 이유 _ 247
느린 학습자에게 글쓰기를 지도하는 4가지 방법 _ 254
생각하는 틀 만들기 _ 262
논리적 글쓰기 _ 270
비판적 글쓰기 _ 279

Part 8. 책을 좋아하는 느린 학습자가 되려면

가정의 문해 환경이 중요하다 _ 293
책 읽는 분위기가 중요하다 _ 297
책읽기가 전부는 아니다 _ 300
책을 좋아한다는 것은 배움을 즐기는 것이다 _ 305
언제까지 부모가 끼고 가르칠 것인가? _ 308
스스로 배움을 즐기게 하라 _ 312
당당히 자기 생각을 말하게 하라 _ 316

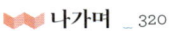 나가며 _ 320

참고문헌 _ 322

Part 1.

느린 학습자가
문해력을 갖추려면?

경계선 지능과 학습장애는 인지적 특징에서 차이를 보이지만 배움이 느리고 평균 학습능력을 갖추기까지 각별한 노력이 필요하다는 공통점이 있다.

느린 학습자는 누구인가?

　　느린 학습자는 기본적으로 학습이 더디고 한 번에 많은 내용을 배우지 못하는 학생들을 의미한다. 학습이 느린 이유는 여러 가지가 있다.

　　첫째, 태어날 때부터 인지능력이 낮은 경증 지적장애(IQ 55~69 정도)나 경계선 수준(IQ 70~84 정도)이 원인이 된다. 인지능력이 낮다는 것은 주의를 기울이고 집중하는 능력이 부족하다는 의미이다. 한 번에 매우 적은 양만을 기억할 수 있으니 학습 속도가 더딜 수밖에 없다.

　　둘째, ADHD(주의력 결핍 및 과잉행동장애)나 특정 학습장애가 있는 경우이다. 주의력이 현저히 부족하고 정보처리상의 결함이 있어 학습을 잘하기 어렵다. 지적장애나 경계선 지능보다 비교적 나은 인지능력을 지녔고 열심히 노력하는 학생이어도 학습 속도가 더딜 수 있어서 가르치는 교사나 배우는 학생이 모두 속상하고 안타까운 경우일 것이다.

심리·정서적 불안정성이 원인이 되어 학습이 어려운 학생들은 학습의 동기가 낮고 공부 습관이 잡히지 않은 것이 원인이므로 느린 학습자에 포함시키지 않고 학습부진이라고 칭한다.

여기서 한 가지 부연하자면, 문자해득이나 기본 글자 쓰기, 수 익히기 등의 기초학습에 관해 다룬 필자의 전작에서는 느린 학습자를 경계선 지능과 학습장애에 한정하여 설명한 바가 있다. 이들의 기본적 인지과정을 고려할 때 지적장애나 ADHD와 같은 장애들과는 조금 다르게 기초학습 지도를 할 필요가 있기 때문이었다. 그러나 기초학습 단계를 지나 문해력을 습득하고 교과학습으로 넘어가는 단계에서는 느린 학습자의 범위를 좀 더 폭 넓게 보아도 되겠다는 판단으로, 이 책에서는 인지능력이 더 낮은 경증 지적장애나 약간 다른 인지적 특성을 지닌 ADHD 학생들도 함께 고려하였다. 이 점 독자들이 널리 양해해 주시기 바란다.

느린 학습자들은 초등학교 입학 직후부터 학습에 어려움을 겪는다. 한글 읽고 쓰기를 배우고 수학의 개념이나 연산을 익히는 데 또래보다 오랜 시간이 걸리고 여러 차례 반복 학습도 필요하다. 느린 학습자들의 고충은 초기 읽기와 쓰기, 기초 수학을 배우는 데서 끝나지 않는다. 간신히 기초학습의 기술들을 배웠다고 해도 학년이 올라가면서 더 많은 글을 접해야 하고 더 많은 지식을 배우게 되니, 더 큰 난관에 부딪히게 되는 것이다.

많은 느린 학습자들이 초등학교 3~4학년을 지나면서 전반적으로 학습의 한계를 나타내고 상급 학년에 맞는 높은 수준으로 좀처럼 발전하지 못하는 경우를 많이 본다. 이는 문해력이 제대로 길러지지 못하였기 때문이다.

문해력은 글을 읽고 이해하는 능력과 글 내용에 관한 자기 생각을 말과 글로 드러낼 수 있는 능력을 말한다. 나아가 주변에 있는 각종 글과 기호가 의미하는 바를 이해하고 학습과 생활 속에서 활용하고 적용할 수 있는 능력을 의미한다. 느린 학습자들이 별도의 지도를 받지 않는 한 문해력을 스스로 갖추기는 매우 어렵다. 일반적인 경우에는 글자 읽는 것을 깨우치고 다양한 글이나 문장을 접하면서 스스로 문해력을 발달시키기도 하는데, 느린 학습자들은 스스로 배우는 힘이 약하기 때문에 문해력을 갖추는 데 시간과 노력을 또래보다 몇 배로 들여야 한다.

많은 부모님과 선생님들이 느린 학습자들의 문해능력이 부족하다는 것을 인식하면서도 이들을 어떻게 지도해야 할지 몰라 학습지를 기계적이고 반복적으로 풀린다는 이야기를 종종 듣는다. 이는 느린 학습자들이 왜 문해력을 기르기 어려운지, 어떻게 도와주어야 하는지를 알지 못하기 때문이다. 단순히 책을 많이 읽어주거나 학습지를 반복적으로 풀리는 것 이상의 방법이 필요하다. 그 방법에 대하여 이 책을 통해 함께 고민해 볼 것이다.

 느린 학습자에 관한 **정리**

- 느린 학습자는 경증 지적장애, 경계선 지능, 학습장애를 겪는 사람을 의미하며, ADHD 증상이 있는 사람들도 일부 느린 학습자의 범주에 포함된다.
- 느린 학습자들의 하위인지능력은 그 원인에 따라 각각 다른 특성을 나타낸다.
- 경증 지적장애와 경계선 지능은 둘 다 인지능력이 고르게 낮은 분포를 나타낸다.
- 학습장애와 ADHD는 인지능력이 불균형하여 높은 점수와 낮은 점수 사이의 차이가 크다.
- 학습 동기가 낮고 학습 습관이 잡혀 있지 않은 학습부진과 느린 학습자는 다르다.
- 학습부진 학생들은 심리적 지원이 필요하고 학습 환경에도 변화가 있어야 한다.
- 느린 학습자들은 기본적으로 취약한 인지능력을 보완해주어야 한다.
- 영유아기에 적절한 환경 자극을 받지 못해 만들어지는 느린 학습자도 있다. 이들은 차근차근 학습을 도와주면 크게 성장하는 모습을 보인다.
- 기질적 혹은 정보처리과정의 한계를 가진 느린 학습자들은 전문가의 도움을 받는 것도 필요하다.

- 느린 학습자들은 초등 3~4학년의 학습 수준에서 더 나아가지 못하는 경우가 많다.
- 초등학교 고학년 수준 이상의 성장을 위해서는 문해력 지도가 필수적으로 요구된다.

느린 학습자에게 왜 문해 지도를 해야 할까?

느린 학습자에게 문해 지도가 중요한 이유는 그들이 문해력 부족이라는 큰 장벽 앞에서 좌절하고 고통받고 있기 때문이다. 느린 학습자도 다른 친구들과 마찬가지로 열심히 마음껏 공부하고 싶어 한다. 하지만 글을 소리 내어 읽어도 하나하나의 낱말들이 의미 있게 머릿속에 들어오지 않고, 문단으로 구성된 글들이 도무지 복잡하고 어렵게만 느껴지는 상황에서 학습이 제대로 이루어지기란 매우 어렵다. 특히 초등학교 고학년 즈음부터 이들이 정면에서 맞닥뜨리게 되는 문해력의 벽은 혼자 힘으로는 넘기 힘든 커다란 장애물과 같다. 이 벽을 제대로 넘지 못하면 더 나은 학습으로 나아갈 수 없으며, 인지적인 성장에도 영향을 미치게 된다.

특성화고등학교 3학년인 경재(가명)는 글을 어느 정도 읽을 수는 있지만 쓸 때는 소리 나는 대로 적다 보니 또래에 비해 맞춤법이 엉망이었다. 이 상태로는 취업이나 직장 생활이 어렵다고 판단한 담임 선생님이 우리 센터에 도움을 청해왔다. 경재 자신도 평소 답답함을 느꼈던 터라 센터에 가라는 말을 듣고 너무 좋았다고 한다. 문해력 지도에 집중한 결과 경재는 다행히 졸업할 즈음 어느 정도 맞춤법도 개선되고 글을 읽고 내용을 파악하거나 자기 생각을 글로 쓸 수 있게 되었다. 졸업 후에도 배움을 계속하고 싶어 해서 성인기 학생을 받아주는 기관을 찾아 경재와 연결해주었다. 길지 않은 시간에 보인 변화를 볼 때 '조금 더 일찍 만나서 지도할 수 있었다면…' 하는 아쉬움이 남는 학생이다.

초등 4학년 느린 학습자인 건후(가명)는 자신이 아직도 한글을 못 떼어서 부끄럽다고 말했다. 사실 건후는 한글을 못 뗀 것이 아니었다. 앞의 경재처럼 한글을 읽고 쓸 수는 있지만 기본 맞춤법을 틀리고 글을 읽어도 의미를 제대로 파악하기 어려워하는 상태였다. 맞춤법이 자꾸 틀리니까 건후 자신은 아직 한글을 떼지 못했다고 생각한 것이다. 예의 바르고 심성도 착해 누구나 건후를 좋아할 것 같은데 늘 기가 죽어 있고 자신감이 없다 보니 친구들과 잘 어울리지 못한다고 부모님이 속상해했다. 이후 문해력이 향상되면서 건후는 학습은 물론, 친구 관계에서도 조금씩 자신감을 회복해갔다.

초등학교 6학년 느린 학습자인 민찬(가명)이는 한동안 완강히 등교를 거부한 적이 있다. 같은 반 은서가 미워서 그런다고 이유를 댔는데, 사실 은서는 반 아이들이 모두 좋아하는 착한 학생이었다. 알고 보니 민찬이가 학교에 가고 싶지 않았던 진짜 이유는 글짓기 시간에 있었던 일 때문이었다. 각자 쓴 글을 발표하고 친구들이 잘한 사람을 투표로 뽑는 자리에서 민찬이는 한 표도 받지 못한 반면에 은서는 몰표에 가까운 득표를 했다고 한다. 잘하고 싶은 마음에 열심히 글짓기를 해서 제출했는데 친구들이 몰라주어 속상했고, 자기보다 잘하는 은서를 보는 것이 힘들어 미워하는 마음까지 생긴 것이다. 며칠 등교 거부를 하다가 다행히 마음이 풀려서 아무 일 없다는 듯 학교에 다니고는 있지만, 민찬이의 어려움과 속상한 마음이 느껴져 너무 안타까웠다.

이처럼 느린 학습자들도 자신의 어려움을 인지하고 있으며 또래들에 비해 부족한 자신의 학습능력을 부끄러워한다. 할 수만 있다면 더 나은 결과를 보여주고 싶은 마음이 누구보다 간절하다. 하지만 느린 학습자를 지도하는 부모와 교사가 이러한 마음을 알고 헤아리며 기다려주기는 참 쉽지 않다. 가르치는 사람의 눈길을 피하고, 무엇을 물어봐도 기어들어 가는 목소리로 마지못해 대답하는 모습을 보면 '하기 싫어서' 그런다고 생각하게 된다.

이는 전적으로 오해다. 열의가 없어 보이고, 심지어 '하기 싫다'는 말을 수시로 하는 아이들조차도 자기가 쉽게 풀 수 있는 문제나 간단한 지문을 접하고 대화할 때는 신나서 대답하지 않는가? 잘할 수 있기 때문이다. 정말 많은 느린 학습자들이 자신도 잘하고 싶다고 말한다.

그들도 잘하지 못해서 속상하고, 잘할 수 있게 도와주는 사람을 절실히 만나고 싶어 한다.

한번은 느린 학습자인 학생이 조금씩 문해력이 향상되면서 글을 잘 이해하고 제법 어려운 문제도 풀 수 있게 되자 신이 나서 이렇게 외친 적이 있다.

"선생님, 그동안 제가 못했던 게 아니라 안 했던 건가 봐요!"

진짜 하기 싫어서 그동안 안 했다는 말이 아님은 우리 모두 알고 있었다. 마침내 해냈다는 자부심, 자기도 할 수 있다는 것에 스스로 감탄한 말이었다. 아이에겐 그 순간이 '유레카!'가 아니었을까.

문해 지도를
하면
무엇이
좋은가?

앞서 느린 학습자들의 속마음을 이야기하였다. 다시 한번 말하지만 잘하지 못해 답답하고, 잘하고 싶은 마음이 가장 큰 사람은 바로 당사자인 느린 학습자이다. 이들이 현재 겪고 있고 앞으로 점점 더 크게 마주할 수밖에 없는 어려움을 극복하려면 어떻게 해야 할까. 그 출발점에 문해 지도가 있다. 문해 지도가 주는 유익은 다음과 같다.

생각하는 지구력이 길러진다

느린 학습자들의 사고 특성 중 하나는 대부분 '생각을 하다가 만다'는 것이다. 생각하는 힘이 부족하다 보니 말할 때 끝맺음을 잘 못하거나 글을 쓰다가 더 생각을 이어가지 못하고 멈추는 경우가 많다. 문해 지도는 느린 학습자들이 생각을 중간에 멈추지 않고 지속하도록 사고의 지구력을 기르는 데 도움이 된다.

초등학교 6학년 진안(가명)이는 어려서부터 조금만 어렵다고 느껴지면 강하게 거부감을 표현했다. 과제를 대충대충 하고, 고쳐보라거나 조금만 더 해보라는 말을 들으면 짜증 내면서 인상 쓰고 고개 숙인 채 얼굴을 들지 않고 거부하는 행동을 일삼았다. 제발 공부 좀 안 했으면 좋겠다는 말을 자주 하던 진안이는 지능 검사에서 IQ 65가 나오자 스스로 지적장애 등록 신청을 원했다. 지적장애 학생이 되면 공부를 더는 안 시킨다고 생각한 것이다. 결과적으로 진안이의 지적장애 신청은 부결되었다. 비록 IQ 65라고는 해도 잠재적으로 경계선 지능 수준이기 때문에 좀 더 노력해서 더 나은 능력으로 발달시키는 것이 가능하다고 판단되었기 때문이다.

지적장애 신청이 부결된 이후 진안이를 위해 제반 학습지도를 멈추고 문해 지도에 집중했다. 진안이에게 반복적으로 나타났던 인지적 어려움을 극복하기 위해서였다. 먼저 초등 3학년 수준의 동화책부터 시작했다. 처음 읽기 시작했을 때는 두 쪽 정도 읽고 더는 못 읽겠다는 반응을 보였지만 꾸준히 지도하는 과정에서 점차 읽는 분량이 늘어났고, 어느덧 120쪽 정도의 동화책을 한 번에 읽어낼 정도로 지구력이 증가하였다. 이전에 보였던 정서적인 거부도 어느 정도 개선되면서 인지적 어려움에서도 조금씩 진전을 보였다. 여전히 글을 쓸 때는 힘들다고 중간에 멈추고 있지만 지속적인 훈련으로 생각하는 힘이 길러지면 이 또한 조만간 극복할 수 있을 것이다.

언어능력이 향상된다

고등학교 1학년 느린 학습자인 민준(가명)이는 인지능력이 비교적 좋고 유머 감각과 사회성도 좋은 학생이다. 특히 말장난을 좋아해 또래들과 '아재 개그' 같은 농담도 곧잘 즐긴다. 하지만 안타까운 것은 말장난이 '낱말' 수준에 머문다는 점이다. 예를 들면 "돼지가 방귀를 뀌면? 돈가스." "물고기의 반대말은? 불고기." 이런 식이다. 간단한 유머조차 이해하지 못하는 느린 학습자들이 많다 보니 비록 '아재 개그'라 해도 일종의 언어유희를 즐기는 이 아이가 한편으로는 귀엽고 대견해 보이기도 했다. 하지만 민준이는 말로 무언가 설명하는 일을 몹시 어려워했다. 자기 일과를 말해보라는 단순한 요청에도 "어떻게 (말)해요?"라고 되묻곤 했으며 생각을 이야기해보라고 하면 "어떻게 말해야 할지 모르겠어요."라고 대답할 뿐이었다.

단어만 나열할 뿐 적절한 조사를 사용하는 것조차 어려워했던 민준이의 문해 지도를 위해 책이나 글을 읽고 마음에 들었던 부분을 문장으로 표현하는 연습을 반복했다. 문장을 그대로 옮겨 적고 생각을 말하거나 쓸 때 알맞은 조사를 쓰는 감각을 익히면서 민준이의 표현력은 점차 좋아졌고 특유의 유머 감각이 더해져 친구들과의 관계도 더 활기를 띠게 되었다. 앞으로도 지속적인 관심과 노력을 기울인다면 생각을 정리하여 조리 있게 표현하는 역량도 좋아질 것이다. 사회성 좋고 붙임성도 있으니 교사나 다른 어른들의 인정을 받는 기회도 많아질 것이다. 좋아하는 자동차를 운전하기 위해 운전면허 시험을 보고, 장래 꿈인 한식 조리사 시험도 잘 볼 수 있게 될 것이다. 언어능력을 디딤돌 삼아 민준이가 자신의 장점을 살리고 마음껏 꿈을 펼치는 날을 기쁘게 그려본다. 민준이는 반드시 그렇게 될 수 있을 것이다.

사회인지능력이 향상된다

느린 학습자들은 다른 사람들의 의도나 마음을 잘 이해하지 못해 상황판단력이나 눈치가 없다는 말을 자주 듣는다. 책읽기는 이러한 느린 학습자들의 사회인지 향상에 도움이 된다.

책 속에는 실제 생활과 유사한 다양한 경험들이 포함되어 있어서 느린 학습자들이 책을 통해 자신의 생활을 되돌아보거나 등장인물들의 행동과 마음을 객관적으로 바라볼 수 있다. 실생활 속 경험들은 매우 빠르게 진행되고 한번 지나간 사건이나 상황들을 다시 돌아보려면 기억 속에서 하나하나 따져봐야 하는 어려움이 있는데, 책 속 경험들은 언제든 앞으로 되돌아가 다시 살펴볼 수 있다. 등장인물들이 어떤 말을 했는지, 어떤 상황이 벌어졌던 것인지 기억나지 않으면 언제든 앞장을 들추어 보면 된다. 이전 상황과 현재 상황, 앞으로 벌어질 상황을 연결해 생각하고 맥락을 이해하는 훈련이 책읽기를 통해 이루어지는 것이다. 이렇듯 사회인지능력을 키우는 책읽기는 문해능력과 떼려야 뗄 수 없다.

그렇다면 사회인지능력을 향상하기 위해 어떤 책을 읽는 것이 좋을까? 보통 그림책이 느린 학습자의 이해 수준에 맞고 그림도 많아서 그림책을 많이 활용하는데, 학년이 올라갈수록 글의 양이 많은 책으로 단계를 올려야 한다. 그림책은 초등 고학년 또는 청소년, 성인에게 도움이 될 상황이나 관계, 맥락을 다양하게 담아내기에 한계가 있으므로 초반에는 그림책을 활용하더라도 점차 연령에 맞는 책을 읽어야 하는 것이다. 이는 느린 학습자에겐 특히 쉽지 않은 과정인데, 사회인지능력을 키우려면 문해력 향상을 통해 나이에 맞는 책을 선별하여 다양한 상황을 접할 수 있도록 돕는 과정이 꼭 필요하다.

평생 배움의 길이 열린다

중학교 3학년 느린 학습자 재원(가명)이와 함께 리처드 바크의 『갈매기의 꿈』을 읽었다. 얇은 책이었지만 책읽기 경험이 별로 없었던 터라 한 번에 읽지 못하고 세 번에 걸쳐 나누어 읽었다. 마침내 책을 다 읽은 후 재원이는 갈매기 조나단이 더 높이 날기 위해 힘들어도 노력하는 점이 좋았다고 말했다. 재원이는 중학교 졸업을 앞두고 진로를 고민하다가 평소 좋아하던 웹툰 작가로 방향을 정했지만 자신이 없어 학원도 건성건성 다녔다고 한다. 그런데 이 책을 읽은 다음부터는 학원에서 그림 배우는 시간이 너무 재미있어졌다는 것이다. 자신감이 붙은 재원이는 가끔 자기가 그린 그림을 사진으로 찍어서 보여주며 자랑하기도 했다.

우리는 보통 느린 학습자들이 책을 읽고도 큰 감동을 경험하지 못한다고 생각한다. 글의 내용을 이해하지 못하기 때문이다. 어느 면에서는 사실이다. 그러나 누군가가 함께 책을 읽고, 의미 있는 부분을 함께 짚으며 쉽고 수준에 맞은 대화를 이어간다면 느린 학습자도 충분히 책이 주는 감동을 즐길 수 있다. 누구나 알듯이 성장 과정에서 감동적으로 읽은 책은 오랫동안 내면에 남아 그 사람의 인생에 크고 작은 영향을 준다. 우리 느린 학습자들도 그런 경험을 통해 인생의 소중한 자산을 얻었으면 한다.

스스로 읽고 배우는 것은 자기 삶을 주체적으로 꾸려가는 데 꼭 필요하다. 그러나 대부분의 느린 학습자들은 스스로 배우는 것을 잘하지 못하기 때문에 어려서부터 부모나 교사의 도움을 받아왔으며, 함께 공부할 때는 잘하다가 혼자 두면 집중 못 하고 금세 멍해지는 경우도 흔하다. 글을 스스로 읽고 이해하는 데 고충이 많으니 옆에서 누가 쉽게 풀어서 설명해주지 않으면 혼자 힘으로는 어려운 것이다. 성인이 되어서도 무언가 배우기 위해 누군가의 도움을 받아야 한다면 그 과정에서 자신이 원하지 않는 선택을 하게 될지도 모른다. 스스로 공부하고 스스로 배우지 못하면 스스로 삶을 꾸려가는 것 자체도 어려울 수 있다. 이렇듯 느린 학습자에게 문해력 향상은 학습뿐 아니라 삶의 태도까지 영향을 주는 중요한 과제이다. 책에서 감동받아 자신의 꿈을 향해 도전할 용기를 얻은 재원이의 사례는 그래서 더 의미 있게 다가온다.

문해
지도의
어려움

　　　느린 학습자들은 글자가 많은 책이나 글을 보면 눈꺼풀이 저절로 내려온다. 일부러 그러는 것이 아니라 부담스럽고 이해하기 어려운 상황에 처했을 때 나타나는 자동적인 반사 반응이므로 그런 느린 학습자에게 "졸다니 정신이 있니?" 하고 다그치지 않았으면 한다. 다시 말하지만 일부러 조는 것이 아니다. 물론 가끔 의도적인 경우도 있기는 하다. 눈을 꾹 감은 채 '가르치려면 가르쳐라'는 식의 반응을 보이는 느린 학습자들도 있다. 사실 눈을 감고 있는 모습을 보면 그 또한 귀엽기는 하다. 하지만 힘들다고 눈을 감아버리면 그 상태에서 벗어날 수 없고 스스로 나아지기 어려우니 책 읽기에 마음을 열도록 도와주려고 힘쓸 따름이다.

그렇다면 이토록 읽기 싫어하는 아이들에게 굳이 스트레스를 주면서까지 책을 읽혀야 할까? 사실 스트레스를 안 받고 사는 사람은 없으며, 어느 정도의 스트레스는 단단한 인간으로 성장하는 데 꼭 필요하다. 스트레스를 무조건 피하기만 하면 성장하기를 멈추는 것과 같다. 작은 스트레스 하나하나에 맞서 이겨내도록 아이들을 돕고 지도하고 격려하는 것은 우리 어른들의 책임이다.

그런데 느린 학습자 부모 중에는 조급하거나 열정과 노력이 지나쳐서 자녀의 마음에 커다란 상처를 남기는 이들이 종종 있다. 아이가 정신 똑바로 차리도록 극약 처방을 했다는, 즉 일부러 모질고 독하게 말했다는 부모들을 만나면 너무 안타깝다. 부탁인데 제발 그러지 않으면 좋겠다. 독하게 말한다고 지금까지 안 되던 이해가 갑자기 잘될 리 만무하다. 자녀들에게 도움이 되는 스트레스는 그저 공부하거나 책 읽는 과정에서 느끼는 어려움 그 자체여야 한다. 부모의 가시 돋친 말이 주는 스트레스는 절대로 약이 되지 않는다. 가뜩이나 힘겨워하는 아이에게 부모가 커다란 돌덩이를 하나 더 얹어주는 것과 다를 바 없다. 부모의 말 한마디가 아이의 성장을 가로막고 돌이킬 수 없는 상처를 안기기도 한다.

지금 이 아이들에게 필요한 것은 "정신 차려!"나 "한 쪽만 더 읽자!"와 같은 매운 질책이 아니다. "이렇게 긴 글을 잘 읽었네!" "정말 아나운서처럼 멋진 목소리로 읽는구나!" 등 진심 어린 격려와 응원이다. 간신히 한 장 읽고 지쳐서 얼마 남았는지 뒤척이는 아이에게 "어제보다는 많이 읽었네. 힘든데도 잘 읽네."라고 응원해주자. 책읽기도 습관이라서 자꾸자꾸 읽어야 독서 근력이 생긴다. 습관이 들 때까지는 응원의 말과 격려를 아낌없이 주어야 한다.

어려서부터 책을 많이 읽어주었다는 한 어머니가 "매일 밤 몇 권씩 아이에게 책을 읽어주었는데, 왜 우리 아이는 생각하는 것도 싫어하고 어휘력도 부족한 걸까요?"라고 물어왔다. 느린 학습자들은 주의력의 깊이가 얕고, 집중하는 시간도 길지 않다. 무엇을 보거나 다른 사람이 하는 말을 들을 때 대충 보거나 대충 듣는다는 말이다. 그러니 이 학생은 어린 시절 부모가 열심히 책을 읽어주어도 대충 보고 대충 들었을 가능성이 크다. 이때 자녀가 잘 듣고 보았는지 조금만 확인했다면 좀 더 효과적으로 책읽기를 할 수도 있었을 것이다. 그래도 아이가 엄마와 책 읽는 시간을 좋아했다고 하니, 아마도 독서 자체보다는 엄마와 있는 시간을 더 즐거워했던 것 같다.

느린 학습자들에게는 책을 많이 읽어주는 것만으로는 충분하지 않다. 책 내용뿐 아니라 여러 방향에서 이야기를 나누는 과정이 필요하다. 먼저 유아기에는 그림을 함께 보며 대화하거나 주인공의 마음을 헤아려 보기도 하고 책 속의 어떤 장면에 관해 이야기를 나누면 책의 내용을 이해하는 데 도움이 된다. 말하는 사람의 기분을 살려 문장을 읽을 수도 있다. 예를 들어 "야호, 내일은 내 생일이야!"라는 문장이 나왔다면 그 기분을 상상해 소리 내어 읽어본다. 그런 다음 그때의 느낌을 다양하게 표현해본다. 단순히 '기분이 좋다'고 표현하기보다는 '기분이 들뜬 것 같다' '설레는 기분이다' 등 다른 표현을 써서 대화를 나눈다. 다양한 감정표현을 배울 기회를 얻도록 하는 것이다. 만약 화장실에서 미끄러지는 그림이 나왔다면, 앞서 어떤 일이 벌어졌는지 생각해볼 수 있다. 화장실에서 물장난했던 앞 장의 그림과 지금 미끄러지는 장면 사이에 연관성이 있다는 것을 알려주는 것이다. 이처럼 그저 글자만 읽어버리면 끝나는 것이 아니라, 글과 그림의 내용을 하나씩 살펴보면서 여러 가지 이야기를 나누는 과정이 필요하다.

학령기 아이에게는 책의 내용을 잘 이해하고 흥미를 느낄 수 있도록 하는 또 다른 활동이 필요하다. 책을 읽고 나서 가장 마음에 드는 문장을 옮겨 적어보는 단순한 활동도 도움이 된다. 왜 그 문장이 마음에 들었는지 이야기 나누다 보면 미처 알지 못했던 느린 학습자의 속마음도 알게 된다. 책 속에서 "한 시간 동안 달리기 연습을 하느라 너무 힘들었다."라는 문장이 가장 기억에 남는다고 했던 어떤 느린 학습자는 그 이유가 평소 학원과 치료실을 다니느라 힘들었던 자신의 마음과 같아서라고 대답하였다. 마음에 드는 문장 옮겨 적기는 생각보다 느린 학습자들의 공감력을 기르는 데 도움이 된다.

도전! 형식적 조작기

저명한 심리학자인 피아제는 사람들의 인지능력이 감각운동기(0~2세 정도), 전조작기(2~7세 정도), 구체적 조작기(7~12세 정도), 형식적 조작기(12세 이후) 단계를 거치며 순차적으로 발달한다고 하였다. 또한 최종적인 인지발달 단계인 형식적 조작기에 도달하는 것은 아니라고 하였다. 형식적 조작기 이전 단계에서 인지발달이 멈추는 경우도 있다는 것이다. 느린 학습자들을 보면 피아제가 말한 최종단계에 도달하지 못하고 구체적 조작기에서 더 이상 발달하지 않은 것 같다고 느껴질 때가 많다. 형식적 조작기는 초등학교를 졸업하고 중학교에 들어가는 시기이므로 이 경우 느린 학습자들의 인지발달 수준은 대략 초등학교 6학년 정도에 머물러 있는 셈이다.

그렇다면 느린 학습자들의 인지능력은 그 상태로 만족할 수밖에 없는 것일까? 만약에 그들의 인지능력을 좀 더 수준 높은 쪽으로 발달시키고 싶다면 어떻게 해야 할까? 모든 느린 학습자가 그렇다는 것은 아니지만, 느린 학습자들도 더 높은 이해능력을 갖고 싶어 한다. 생각하고 공부하는 데 큰 어려움 없이 원하는 만큼 할 수 있기를 바라며, 타인의 도움을 받지 않고 스스로 문제를 해결할 만큼의 적절한 인지능력을 갖추고자 한다. 이들을 위해 인지능력을 좀 더 나은 상태로 발달시킬 수 있는 방법이 반드시 필요하다. 그중 하나가 바로 책읽기라고 생각한다. 책은 다른 사람들의 경험이나 지식, 마음을 담고 있다. 글을 통해 경험과 지식, 마음을 이해하고 배우고 생활에 적용할 수 있다면 느린 학습자들의 삶은 질적으로 훨씬 나아질 것이다.

스스로 배울 줄 아는 아이

느린 학습자들은 대부분 책을 좋아하지 않는다. 혼자 힘으로 글을 읽고 이해하는 것 자체가 어렵기 때문이다. 다행인 것은 요즘 인터넷 동영상이 활발히 제작, 공유되면서 필요한 정보는 꼭 책이나 글이 아니어도 시청각적으로 얻을 수 있게 되었다는 점이다. 다만 여전히 더 깊이 있는 정보들은 글로 되어 있는 경우가 많으며, 느린 학습자들은 동영상만으로 정서적 교류와 같은 부분을 감지하고 이해하기 어려운 면이 있다. 학령기에 있는 느린 학습자들은 글로 된 학습자료나 책으로 수업을 하는 경우가 많고 학교에서 이뤄지는 각종 평가도 읽고 쓰기의 비중이 매우 높다. 글을 이해하는 능력이 절대적으로 필요한 것이다.

안타깝게도 학령기 느린 학습자들 대부분은 혼자서 공부하기가 어렵다. 느린 학습자들은 늘 누군가가 함께 글을 읽고 설명해줘야 비로소 내용을 이해하게 되는 경우가 많다. 상황이 그렇다 보니 혼자 공부하는 것은 엄두조차 내기 쉽지 않다. 느린 학습자들의 인지적 한계는 누군가의 도움을 받아서는 충분히 이해할 수 있지만 혼자서는 학습을 해 나가기 어렵다는 데 있다. 이는 스스로 글을 읽고 이해하는 능력과 직결되는 문제이다. 배우고자 하는 의지가 있지만 배울 수 있는 기능이 충분히 발달되어 있지 못한 안타까운 현실을 말해준다.

느린 학습자에게 책 읽기 지도를 한다는 것은 스스로 학습할 수 있는 능력을 길러준다는 것이다. 또한 스스로 배움에 대한 호기심을 갖게 도와주는 것이기도 하다. 느린 학습자들이 책 읽기를 즐길 수만 있다면 지금보다 더 많은 것을 알게 될 것이고, 더 나은 판단력과 대처 능력을 갖추게 될 것이다. 그 감각을 배우고 익혀서 발전과 성장의 밑거름으로 삼을 수 있을 것이다.

항상 누군가의 도움을 받아야만 학습할 수 있고 무엇인가를 배울 수 있다면, 배움은 매 순간 자기 능력의 한계를 확인하는 과정이 되고 그게 지속되면 자존감도 낮아지게 된다. 느린 학습자를 도우려면 글이나 책의 내용을 곱씹어 설명하는 것에 그치지 않고 스스로 글을 읽고 이해하는 단계까지 차근차근 나아가게 해주어야 한다. 느린 학습자들을 위한 지도에서는 글의 내용보다는 글을 이해하는 방법에 대한 지도에 더 중점을 두어야 한다는 말이다.

느린
학습자의
글 읽기
특성

　　　　느린 학습자들은 초등학교에 입학하는 순간부터 학습하는 데 어려움을 겪는다. 기본적으로 주의력과 기억력이 안 좋기도 하지만, 글자라는 상징체계를 이해하고 기억하는 데 큰 어려움을 겪기 때문이다. 글자의 소리와 글자의 대응관계를 이해하기란 그리 쉽지 않다. 왜 받침 글자를 그렇게 소리 내는지 이해하기 어렵고, 두 글자가 만나서 소리가 왜 그렇게 변하는지 이해할 수 없다. 글자를 배우는 과정에서 자연스럽게 터득되는 것 같지만 사실 그러한 규칙들은 무조건 외워야 하는 것에 가깝다. 하지만 글자 규칙이란 이해하기도 어려울 뿐 아니라 기억하기도 어렵기 때문에 느린 학습자들의 초기 글자 학습은 오래 걸릴 수밖에 없다. 그래서 또래보다 조금 일찍 글자 학습을 시작하거나, 초등학교 입학 후엔 학교 생활 외에 조금 더 시간을 내어 진행되는 일이 많다.

힘들게 글자를 익혔다 해도 문장을 읽고 이해하기까지 다시 쉽지 않은 과정이 이어진다. 글을 읽고 나서 내용이 무엇인지 물어보면 느린 학습자들은 선뜻 답을 하지 못한다. 특히 스스로 읽은 후에 더 큰 어려움을 느끼는데 다른 사람들이 읽어줄 때는 내용을 들으면서 상상하고 이해하는 것이 어느 정도 가능하지만, 직접 읽어야 할 때는 읽는 것 자체에 신경을 집중하느라 미처 내용을 따라가지는 못하기 때문이다. 이처럼 글자를 읽긴 읽었으되 내용을 이해하여 설명하지는 못하는 것이다. 읽기 유창성이 완성되지 않았을 때 더욱 그러하다. 게다가 어휘력이 부족하거나 배경지식이 부족할 때는 문맥이나 내용을 이해하는 것이 더욱 어렵다.

그러다 보니 느린 학습자는 다양한 교과에서 학습을 원활하게 진행하기가 어렵다. 초등학교 4학년 이상의 교과에서는 대부분 읽고 이해하는 능력이 필수적으로 요구된다. 국어 교과서의 지문은 길어지고 수학에서도 문장제 문제를 풀기 위해서는 해당 능력이 선행되어야 한다. 과학이나 사회도 글을 이해할 수 있어야 교과 개념을 이해하고 받아들일 수 있다. 기초학습능력을 다지는 것까지는 어느 정도 또래를 따라갈 수 있었던 느린 학습자들이 초등 4학년 이상부터는 어떻게 공부해야 할지 몰라 점점 더 뒤처지는 이유이다. 심지어 초등 4학년 이상이 수행하게 되는 지능검사에서 IQ 70 미만으로 떨어지는 결과를 얻게 된다. 충분히 기능할 수 있는데 '읽고 이해하는 영역에서의 어려움'이라는 장벽을 넘지 못하면서 점차 낮은 학력 수준을 보인다고 평가될 수 있다.

기초 글자 읽기를 터득한 느린 학습자들이 글을 읽을 때는 어떤 특징을 보일까? 직접 느린 학습자를 지도해본 부모나 교사, 치료사 들은 한결같이 다음과 같은 특징을 꼽는다.

 느린 학습자들의 글 읽기 양상

- 글자를 빼고 읽거나 다른 낱말로 바꿔서 읽는다.
- 어휘력이 부족하다.
- 낱말이나 글자 읽기에 연연하여 글과 문장의 의미까지는 파악하지 못한다.
- 주의력이 부족하여 글의 후반부를 흐지부지 읽어버린다.
- 전체 글의 맥락을 이해하지 못하며 주제나 소재 파악이 어렵다.
- 읽고 있는 부분이 글 전체의 어느 부분인지 모른다.
- 글의 뒤에 나올 내용을 상상하기 어렵다.
- 글에서 무엇이 중요하고 무엇이 덜 중요한지를 모른다.
- 세부적인 내용(사람, 물건, 장소 등)을 잘 기억하지 못한다.

느린 학습자들은 글이나 책 속의 문장들을 막힘없이 읽어나가지만 정작 읽은 내용은 잘 모르겠다고 말한다. 그래서 하나하나 설명해주려고 하면 이내 졸려 하거나 집중하기 어려워하니, 가르치는 입장에서도 언제까지 하나하나 설명해야 할지 답답하다고 염려하게 되는 것이다.

그렇다면 우리 느린 학습자들이 이러한 어려움을 극복하기란 불가능한 것일까? 아니다. 가능하다. 읽고 이해하는 능력을 가르쳤을 때 모든 느린 학습자가 원하는 만큼의 수준까지 도달하는 것은 아니지만, 현실적으로 불가능한 일도 아니다.

초등학교 5학년 때 처음 만난 지원이는 매우 느리고 무기력한 모습이었다. 무엇을 물어도 대답이 없고 얼굴도 무표정하여 답답한 인상을 주는 아이였다. 시간이 지나 어느 정도 인지능력이 향상되었을 때 문해 지도를 하려고 하자, 이내 울상이 되어 "너무 힘들 것 같은데…." "공부는 너무 힘들어서…."라면서 거부하였다. 글을 읽어도 뭐라고 질문에 답해야 하는지, 글의 내용을 어떻게 요약해야 할지 몰라서 말없이 치료사의 얼굴만 바라보기도 하였다. 하지만 3년 정도 꾸준한 지도를 받고 중학교 2학년이 되어서는 국어 지문을 거뜬히 이해하는 수준이 되었을 뿐 아니라 우리 센터를 종결하고 일반 학원에서 또래들과 함께 수업을 들을 수 있게 되었다. 고등학교 진학 후에는 자주 보지 못하지만 가끔 전해오는 소식에 따르면 고등학생으로서 평범한 생활을 하고 있다고 한다. 원하는 만큼 성적이 안 나와서 속상하고 또래보다 더 많은 시간 공부해야 따라갈 수 있어 힘들다고 투덜대긴 해도, 친구들과 잘 지내고 자기 능력에 맞는 대학 진학도 준비 중이라고 한다. 느린 학습자에게 글의 내용이 아니라 읽고 이해하는 방법을 알려 주는 게 무엇보다 중요함을 다시금 깨달은 시간이었다.

항상 누군가의 도움을 받아야만
학습할 수 있고
무엇인가를 배울 수 있다면,
배움은 매 순간 자기 능력의 한계를
확인하는 과정이 되고
그게 지속되면
자존감도 낮아지게 된다.

느린 학습자들도
스스로 배울 수 있다.
다만 스스로 이해하는 방법을
모를 뿐이다.

느린 학습자의 읽기능력 발달

　　　　　　읽고 이해하는 능력은 연령과 학년이 올라가면서 점차 향상된다. 글자를 읽는 능력과 내용을 이해하는 능력이 어떻게 발달하는가에 대한 의견은 학자마다 다르다. 이 책에서는 게이츠[1]의 읽기 이해력 발달단계를 소개할 것이다. 다양한 학자들의 제안이 있지만 게이츠가 제안한 발달단계가 더 상세하고, 느린 학습자들의 상대적 위치가 어디에 있는지 알아보는 데도 도움이 된다. 게이츠는 책을 읽고 이해하는 능력의 발달을 8단계로 나누어 설명한다.

---

[1] 아서 어빙 게이츠(Arthur Irving Gates)의 1947년 자료.

전독서기 prereading period	취학 이전	• 읽기에 필요한 필수 기술을 익히는 시기. • 단어마다 각각의 의미가 있다는 것을 안다. • 이야기의 구성요소와 구조에 대한 감각을 발달시키는 시기이다.
독서준비 프로그램 시기 reading readiness program period	초등 1학년 초반	• 초등학교 입학 후 2~3주에서 몇 개월간 (경우에 따라서는 오랫동안 이 시기에서 못 벗어나기도 한다). • 아직 본격적인 독해를 스스로 해내기 어렵다. • 이야기를 즐기거나 이해할 수 있고, 내용을 간단히 설명하거나 질문에 대답하는 능력이 발달한다.
독서개시기 beginning reading period	초등 1학년 1학기	• 여러 가지 방법으로 문장을 읽고 단어를 인지하려고 애쓴다. • 글자와 문장 읽는 법을 배운다.
독립독서 초기 initial independent reading period	초등 1학년 후반	• 내용이 쉽고, 간단한 문장으로 된 글을 스스로 읽기 시작한다. • 친근하지 않은 단어의 의미와 발음에 관한 초보적인 기술을 익혀간다. • 읽는 것이 무엇인지를 알고 이해한다 • 안구운동이 부드러워진다. 낱말에서 낱말로 읽어나가는 속도가 아직 느리지만 2~3개월 또는 5~6개월에 걸쳐 점차 능숙해진다.
초급독서 후기 advanced primary reading period	초등 1학년 후반~ 2학년 1학기 전반부	• 어휘력도 상당히 발달하고 새로운 낱말이 나와도 머뭇거리지 않고 빠르고 정확하게 글 뜻을 인지하는 능력을 획득한다. • 소리 내어 읽기에서 벗어나 눈으로 읽기가 시작된다. • 문자언어를 음성언어로 바꾸어 머릿속에서 이해하는 능력이 발달하게 된다.

중급독서로의 전환기 transition period from primary to intermediate reading	초등 2학년 1학기~ 3학년으로 넘어가는 시기	• 의미를 담은 하나의 구문을 한눈에 파악할 수 있다. • 이전에 비해 더 쉽고 부드럽고 빠르게 읽어 나갈 수 있으며, 글을 읽고 이해하기 위해 눈동자가 글자에 머무는 시간도 짧아진다. • 생각하면서 읽는 단계로 전환되는 시기이다.
중급독서기 intermediate reading stage	초등 3학년 말 ~6학년	• 독서기술이 상당히 발달한다. • 읽은 글에 대한 이해와 기억이 어느 정도 완성되는 시기이다. • 내용을 파악하기 위해 읽는 속도를 조절할 수 있다. • 상세하게 이해하기 위해 정독하거나 분석하는 등 목적에 맞게 적절히 읽는 능력이 발달한다. • 가끔 이 시기에 독서능력의 발달이 중지되기도 한다. • 한쪽으로 치우친 독서를 하는 아동이 나타나기도 한다.
독서 성숙기 mature reading stage	초등 6학년 이상	• 독서기술이 한층 숙련되어 어휘 인지가 빠르고 새로운 어휘의 이해, 어구의 요점 파악 등이 훨씬 수월하게 이뤄진다. • 다양한 유형의 자료를 효율적으로 읽고 이해하는 독서기술이 한층 숙달되며, 읽은 글에 대한 평가나 비교도 할 수 있게 된다.

사실 느린 학습자들은 언어나 인지 발달이 또래보다 늦된 경우가 많다 보니 이 모든 독서의 단계에서 어려움을 겪는다. 글자를 익히기 전인 구어(말하기) 발달도 또래보다 느리다. 만 4세 가까이 되어야 말문이 트이는 경우도 있다. 전반적으로 언어발달이 늦된 느린 학습자

들이 글자나 문장을 익히고 능숙하게 이해하는 능력을 길러 나가기에는 어려움이 따른다.

초등 3학년에도 문자 해득이 완성되지 않았다면

느린 학습자들은 글자를 익히는 데 시간이 오래 걸린다. 또래 친구들이 1년이면 배우는 것을 2년, 3년 걸려 배우기도 한다. 그러다 보니 초등 3학년이 되어도 글자를 유창하게 읽지 못하는 느린 학습자들이 많다. 또래 정도의 발달 속도로 글자를 터득하고 익힌 느린 학습자도 있는데, 이는 모두 일찍부터 느린 학습자 요인을 발견하여 도움을 준 부모와 교사들의 노고가 아닐까 한다.

초등학교 3학년이면, 게이츠의 발달단계에서 '중급독서로의 전환기'에 해당한다. 이전에 비해 능숙하고 빠르게 문장을 읽고, 글을 읽으면서 생각도 할 수 있는 시기이다. 하지만 느린 학습자들은 여전히 '독립독서 초기'나 '초급독서 후기'에 머물러 있는 경우가 많다. 다시 말해 읽고 이해하는 능력이 초등 1학년 2학기에서 초등 2학년 1학기 수준에 머물러 있는 것이다. 글을 읽을 때 '의미 단위=구'로 읽어나가는 것이 아니라 아직 낱말에서 낱말로 읽어나가는 수준이며, 글자를 머릿속에서 음성으로 전환하여 의미로 이어가는 데 어려움을 겪기도 한다. 글을 소리로만 읽을 뿐 내용 파악이 불가능한 경우가 많다.

이러한 상황을 극복하고 읽기에 더 능숙해지려면 더 많은 읽기 경험이 필요할 것이다. 책이나 텍스트 자료를 더 자주 접해야 한다는 의미이다. 그러나 한편으로는 또래보다 글자로 된 자료나 책을 접하는 능력이 부족한 느린 학습자들에게 무작정 책을 읽으라고 강요하면 오히려 책읽기에 대한 부정적인 마음이 더 커질 것이기에 보다 현명한 노력이 필요한 상황이다.

독서능력이 제대로 갖춰지기 전에는 먼저 책에 대한 호감이나 즐거움을 느끼도록 해주는 것이 좋다. 책을 좀 더 즐겁게 읽을 수 있도록 분위기를 조성하거나 책읽기를 놀이처럼 즐기는 여건을 만들어주는 것도 도움이 된다. 동시에 주의력이나 글자 해득 능력 등을 점검하고 부족한 부분의 보완교육을 제공해 책읽기의 어려움을 유발하는 원인에 대한 대처도 병행할 수 있어야 한다.

중학생이 되어도 초등 3학년 독서 수준에 머물러 있다면

청소년기 이상 연령인 느린 학습자들도 초등 3학년 이상의 독서 수준을 넘지 못하는 경우가 있다. 게이츠의 발달단계에 따르면 '중급 독서로의 전환기'에서 벗어나지 못한 것이다. 비록 글자를 읽는 데 어려움은 없어졌지만, 글로 된 자료나 책의 내용을 스스로 읽고 이해하기 어려워하는 양상을 보인다. 누군가의 도움이 있어야 글을 읽고 이해하여 답할 수 있다. 또한 글의 내용에 관한 자신의 의견을 말하기 힘겨워한다.

실제로 부모 연수나 상담을 통해 느린 학습자들의 독서 능력을 확인하는 설문을 해보면 대략 초등 3학년 2학기 정도 수준에 머물러 있는 느린 학습자가 많다. 부모 연수에 참여할 정도면 자녀교육에 관심이 많고 그동안 독서교육에도 무던히 애써온 분들이라 할 수 있다. 그러나 아무리 책을 많이 읽어주려고 노력해도 아이들이 내용을 이해하지 못하고 책도 좋아하지 않아 낙심하며 어떻게 해야 할지 모르겠다고 말한다.

느린 학습자가 초등 6학년 이상의 독서능력을 갖도록 하는 것은 불가능할까? 쉽지 않은 일이긴 하다. 우선 느린 학습자들이 글자가 많은 책 보는 것을 매우 부담스러워하고, 이들을 가르치는 선생님들이나 부모들도 적절한 방법을 알지 못한다. 느린 학습자 대부분이 실제로 책읽기를 별로 좋아하지 않고, 독서는 힘든 것이라는 선입견을 갖고 있다. 이제 청소년기로 진입하는 느린 학습자들은 독서지도를 더욱 부담스러워하고 힘들어한다. 무엇보다 느린 학습자 본인이 자신의 능력을 믿지 않는 경우가 많기 때문에 쉽지 않다.

이런 느린 학습자에게 독서의 필요성이나 즐거움을 알려주고 일정 수준으로 독서력을 향상하는 과정에 학생 스스로 즐겁게 참여하도록 하려면 먼저 지도하고자 하는 부모나 교사의 의지를 적극적으로 전달하는 것이 좋다. "○○야, 선생님은 너에게 책 잘 읽는 법을 알려주고 싶어. 왜냐하면 너도 충분히 그럴 능력이 있다는 것을 선생님이 깨달았기 때문이야. 처음에는 힘들지만, 쉬엄쉬엄 책 읽기에 도전해보면 어떨까? 나중에는 공부도 더 잘하게 되고, 원하는 자격시험 같은 것도 잘 볼 수 있게 될 거야. 선생님이 너를 도와줄 수 있도록 기회를 주면 어떻겠니?"라고 솔직하게 이야기해보자. 독서력 향상은 느린 학습자 자신이 더 원하는 일이기도 해서 지도하는 사람의 뜻이 잘 전달되면 느린 학습자들도 열린 마음으로 힘든 도전에 기꺼이 참여하는 걸음을 떼기 시작한다.

느린 학습자를
위한
문해 지도의
방향

문해능력은 학습에서뿐 아니라 삶을 살아가는 데 필요한 능력이다. 적절한 수준의 문해력을 갖추지 못하면 일상적인 소통과 과제 해결이 어렵고, 스스로 사고하거나 판단하여 독립적으로 살아가기도 힘든 부분이 많다. 특히 느린 학습자가 연령에 적합한 수준으로 문해능력을 발달시키지 못하면 학령기 내내 커다란 불편감과 압박, 심리적 어려움 속에서 성장해야 하며, 성인이 되어서도 스스로의 삶을 통제하며 살아가지 못할 수 있다.

느린 학습자들의 문해 지도를 위해 우리가 중요하게 살펴봐야 할 몇몇 읽기 기술들이 있다. 읽기 유창성, 기초 문법 알기, 맥락에 근거한 추리, 하나의 생각 단위로서 문단 이해하기, 글 전체를 이해하는 틀 갖추기가 그것이다. 이 중 하나라도 습득하지 못한 상태에서는 글을 읽고도 그 내용을 파악하기 어려울 것이다. 여기서는 각각의 기술이 무엇인지 간략히 살펴보고, 그것을 익히는 구체적인 방법은 뒤에서 자세히 다룬다.

읽기 유창성은 글자를 처음 배우고 나서 어느 정도 시간이 지나 문장으로 구성된 글을 잘 읽게 되는 상태를 말한다. 이때는 글자를 따라가는 데 막힘이 없고 자연스러운 발음과 어조로 물 흐르듯이 쉽게 읽을 수 있다. 안타깝게도 많은 느린 학습자들이 글자를 익히고도 오랫동안(심지어 중학생이 될 때까지도) 읽기 유창성을 갖추지 못한다. 책을 자연스럽게 읽는 능력이 부재한 채로 학년만 높아진다는 것이다. 그렇게 되면 고학년이 되어서도 책을 읽고 그 내용을 제대로 이해하지 못하는 상황에 놓이게 된다.

기초 문법적 지식은 하나의 문장을 이루는 기본 요소인 주어, 목적어, 서술어의 쓰임, 문장의 뉘앙스와 맥락을 표현하기 위해 사용하는 문장부호, 더 긴 문장을 표현하기 위해 홑문장과 겹문장을 쓰는 방법, 여러 문장을 이어서 쓰는 방법, 시제를 표현하는 어미 활용 등을 말한다. 느린 학습자는 대개 낱말 수준에서 생각하고 단답형으로 자기 생각을 표현한다. 각 낱말의 역할에 맞게 배열하여 문장을 만들지 못하고 생각도 단편적인 수준에 머물며 전체 상황을 파악하기 어려워한다. 문장뿐 아니라 글 전체를 이해하기 위해서도 문장을 구성하는 여러 요소, 문장 배열 방법을 익히는 것이 필요하다.

맥락에 근거한 추리는 낱말과 문장으로 직접 언급되지 않은 내용을 짐작해 이해하는 것을 말한다. 낱말과 낱말, 문장과 문장의 연결을 보며 글쓴이의 의도를 파악하는 과정은 중요하다. 겉으로 드러난 부분만 이해한다면 행간의 의미를 놓치기 쉽고, 직접 언급하지 않아 상상해야 하는 것들을 이해하지 못한다. 느린 학습자들은 이 부분이 특히 약하고 부족하다. 맥락에 근거하여 추리하는 방법을 익히게 함으로써 행간의 의미나 뉘앙스의 차이를 파악하고, 인과 관계 등을 이해하는 능력을 길러주어야 한다.

문단은 글쓴이가 말하고자 하는 어떤 주제를 담고 있는 하나의 덩어리 또는 생각의 단위라 할 수 있다. 예를 들어 문단이 3개라면 글쓴이가 말하고자 하는 주제는 보통 3개가 된다. 그러므로 문단을 이해한다는 것은 글쓴이가 말하고자 하는 바가 무엇인지 알아내는 것이다. 문단을 어떻게 이해해야 하는지를 배움으로써 글 전체를 파악하는 능력을 기를 수 있다.

글 전체를 이해하는 틀 갖추기는 다양한 글의 유형을 구분하고 글의 특성에 맞게 이해하는 것과 직결된다. 이 틀을 갖추지 못한 느린 학습자는 처음 글을 읽을 때 필요한 최소한의 정보도 없이 낯선 문장

사이에서 길을 잃고 당황하기 쉽다. 느린 학습자가 글의 성격이나 유형에 따른 구분을 배워야 하는 이유이다.

기본적인 읽기 기술을 살펴보았지만, 글 읽기 이해력만 지도해서는 적절하게 문해 지도가 되었다고 볼 수 없다. 독해 지도와 다르게 문해 지도는 글을 읽고 이해하는 능력뿐만 아니라 이해한 것을 활용하고 표현하는 능력까지도 포함하기 때문이다. 따라서 느린 학습자의 문해 지도에는 반드시 글쓰기 지도가 병행되어야 한다. 읽고 이해한 것을 활용하기 위한 기술로서 글쓰기, 자기 생각을 논리적이고 비판적으로 드러내기 위한 글쓰기 지도를 함으로써 진정한 의미의 독립적 문해자가 되도록 이끌 수 있다.

문해 지도의 목적

이 책에서 추구하는 느린 학습자를 위한 문해 지도의 목적은 다음과 같다. 기초적인 글자 읽기 수준을 넘어 긴 글을 유창하게 읽을 수 있게 한다. 이를 위해 문장 안에 내포된 다양한 의미를 이해할 수 있도록 문법 지도, 추리력 지도, 문단 단위로 생각하기, 구조화된 이해(이해의 틀)를 다룬다. 나아가 간단한 글쓰기에서 시작해 자신의 의견을 분명하게 제시할 수 있는 비판적 글쓰기에 이르기까지 느린 학습자들이 도저히 할 수 없을 것이라고 지레 포기했던 기술들을 배울 수 있도록 도울 것이다. 문해 지도를 통해 느린 학습자가 도달하게 될 단계들을 정리하면 다음과 같다.

- 읽기 유창성을 향상해 읽기 이해력의 기초를 다진다.
- 문장 요소와 관련된 간단한 문법적 지식을 익혀 문장 이해력을 높인다.
- 맥락적 추리력을 향상해 독립적인 독자reader가 된다.
- 문단 단위로 생각하는 법을 익혀 글의 내용을 주제별로 이해한다.
- 글의 특성을 이해하고 적절한 이해의 틀을 구성한다.
- 자기 생각이 드러나는 논리적 글쓰기를 할 수 있다.

수준별 문해 지도

스스로 책을 읽고 이해하는 능력은 결코 짧은 시간에 이루어지지 않는다. 대개 초등 1학년 때부터 꾸준히 지도하여 초등 5, 6학년 정도는 되어야 도움 없이 스스로 책을 읽을 수 있다고 본다. 물론 초등 1학년부터 책 읽기 지도를 차근차근 해오지 못한 경우라도 아래의 3단계 수준을 차근차근 밟아가면서 책 읽기 및 쓰기 지도를 하면 도움이 될 것이다.

- **1수준**: 읽기 유창성에 집중하면서, 이야기 글 읽기와 이해를 주요 활동으로 한다. 이때는 이야기 글을 이해하는 틀(스토리 그래머)이 비교적

쉽게 만들어지므로, 스토리가 살아 있는 이야기 글을 활용해 이해력과 쓰기 능력을 개발하는 것이 도움이 된다.

- **2수준**: 아직 읽기 유창성이 확립되지 않은 상태라면 꾸준히 읽기 지도를 해야 한다. 이야기 글을 어느 정도 이해할 수 있게 되면 설명이나 의견이 들어간 글 읽기를 지도하는 것이 가능하다. 생활에서 쉽게 접하는 여러 가지 설명글 또는 정보나 주장 글을 활용해 읽기와 쓰기를 지도한다.
- **3수준**: 이 시기에도 읽기 유창성이 확립되지 않는다면 조금 곤란하다. 그런 경우에는 다른 것은 뒤로 미루고 좀 더 집중적으로 읽기 유창성 연습을 해보자. 하루 일정량을 정해서 열심히 연습하고, 틀리는 글자 없이 잘 읽게 된다면 다양한 이해의 틀을 이용해 여러 가지 유형의 글 읽기를 해볼 수 있다.

쓰기는 읽기 유창성이 확립되지 않은 느린 학습자라면 간단한 한 문장 쓰기를 매일 하도록 지도하는 편이 좋다. 맞춤법이 제대로 익혀지지 않은 상태에서 긴 글을 쓰는 것은 부담스러울 수 있으므로 꾸준히 한 문장 쓰기를 지도할 것을 권한다. 그러다가 이야기 글이나 정보 글 등을 다양하게 읽고 이해하는 법을 배우게 되면 그때 논리적으로 글 쓰는 법을 가르친다. 논리적인 글을 어느 정도 쓸 수 있게 되면 비판적 글쓰기까지 발전시켜 지도해볼 수 있다.

독해 지도와 다르게
문해 지도는 글을 읽고
이해하는 능력뿐만 아니라
이해한 것을 활용하고 표현하는
능력까지 포함한다.

읽고 이해한 것을
활용하기 위한 기술로서의
글쓰기, 자기 생각을 논리적이고
비판적으로 드러내기 위한
글쓰기 지도를 함으로써
진정한 의미의 독립적 문해자가
되도록 이끌 수 있다.

Part 2.

독해력보다 유창성 연습이 먼저

읽기 유창성은 글자를 읽는 데 막힘이 없고 자연스러운 발음과 어조로 물 흐르듯이 쉽게 글을 읽는 능력을 말한다. 글자를 익히고 유창성을 갖추어야 내용 이해로 나아갈 수 있다.

글자를
읽는다고
글이 이해되는 것은
아니다

　흔히 글자를 읽는 법(문자 해독)을 배우고 나면 곧바로 글을 읽고 내용을 이해할 수 있다고 생각한다. 하지만 글자를 익혔다고 곧바로 글을 읽고 이해할 수 있는 것은 아니다. 알파벳을 알게 되었다고 바로 영어 지문을 읽고 이해하는 단계로 넘어갈 수 없는 것과 같은 이치다. 그 단계가 되려면 단어를 막힘없이 술술 읽을 수 있어야 하고, 그 뜻을 정확하게 알고 있어야 한다. 단어 읽기에서 지문을 읽고 이해하게 되기까지는 어느 정도 유창하게 단어를 읽을 수 있도록 노력하는 시간이 필요한데, 이 과정은 지루하고 힘들다. 그래서 보통 사람들은 중고등학교 내내 영어를 배웠다 해도 성인이 되어 영어로 된 논문이나 뉴스 기사를 술술 읽고 이해할 수가 없는 것이다. 충분한 시간과 노력을 들여 익힌다는 것은 그만큼 어려운 일이다.

    우리의 말과 글도 마찬가지이다. 사람들은 영어와 달리 모국어이니까 이미 알고 있는 어휘도 많고 문법적 구조도 자동으로 배울 수 있다고 생각한다. 한글만 읽을 수 있으면 지문을 쉽게 읽고 이해할 것이라 여기는 것이다. 이후의 장에서도 거듭 이야기하겠지만, 느린 학습자들에겐 그 과정이 절대 쉽지 않다. 어휘량이 부족하여 뜻을 알고 구사할 수 있는 낱말이 적고, 문장을 구성하는 문법적 구조도 자동으로 습득하지 못하는 경우가 훨씬 많다. 느린 학습자는 한글 글자 읽는 법을 배운 뒤 막힘없이 술술 읽을 수 있기까지 충분한 시간과 노력을 들여 연습해야 한다. 느린 학습자의 한글 읽기 유창성은 저절로 갖춰지지 않는다.

읽기
유창성이
완성되지 않은
아이들

문자 해득decoding은 문자 해독이라고도 하는데, 주로 글자의 모양과 소리를 기억하여 문장 안에 들어 있는 단어들을 막힘없이 읽는 능력을 말한다. 문자 해득이 제대로 이루어지면, 글을 읽을 때 머뭇거림이나 어색함이 적고 읽는 속도도 점점 빨라진다. 또한 소리를 듣고 글자의 모양을 잘 기억하여 쓸 수 있다.

느린 학습자들은 문자를 익히는 데 일반적으로 시간이 오래 걸린다. 보통 1년이면 익힐 수 있는 글자를 2년 걸려 익히기도 한다. 또한 그렇게 힘들게 익힌 문자라고 해도 또래만큼 능숙하게 읽지 못하고 그 내용을 이해하기 어려워하는 경우가 많다. 전반적으로 학습 속도가 느리다 보니 문자 해득도 오래 걸리고 그것을 능숙하게 해내는 단계에 도달하는 과정에도 어려움이 따르는 것이다.

초등 3학년 학생의 기초학습기능검사 결과

소검사	학년 규준				연령 규준			
	원점수	표준점수	백분위	등가학년	원점수	표준점수	백분위	등가학년
낱말 읽기	52	80	9	초등 1-1	52	84	14	6세 8개월
읽고 이해하기	14	73	9	초등 1-1	14	76	5	6세 4개월
쓰기	10	59	9	초등 1-1	10	68	2	6세 8개월
셈하기	17	82	9	초등 1-1	17	94	34	8세 4개월
읽기 조합	153		2	조합 표준점수 69	읽기 조합	160	4	조합 표준점수 74

위의 표는 초등학교 3학년인 한 학생의 기초학습기능검사 K-WFA 결과이다. 표에서 등가학년의 점수를 보면 낱말 읽기, 읽고 이해하기, 쓰기의 영역에서 초등 1학년 1학기 수준의 성취와 같은 수준임을 알 수 있다. 초등학교 3학년으로서는 매우 낮은 읽기, 이해, 쓰기 수준인 것이다. 이제 갓 한글을 배운 학생처럼 문자 해득도 완전하게 이루어지지 않았고, 읽기도 유창하지 않은 학생이다. 간단한 낱말은 정확하게 읽지만 받침이 있는 단어가 포함된 문장은 정확하게 읽지 못하고, 글자를 빠뜨리거나 조사를 부정확하게 읽는 등 여러 어려움을 보였다. 느린 학습자 중에는 이와 같은 특성을 보이는 경우가 아주 많다. 이때는 서둘러 읽기 이해 지도를 하기보다 문자 해득 및 읽기 유창성을 갖출 수 있도록 지도하는 것이 우선되어야 한다.

책 읽는 시간을 충분히 갖기

읽기 유창성은 물 흐르듯 막힘없이 글이나 책을 읽어나가는 능력으로, 느린 학습자들이 글자를 터득한 후 이 단계로 잘 넘어가지 못하면 이후 글을 읽고 이해하는 능력을 발달시키는 데 큰 어려움이 따르게 된다. 기본적인 글자를 익히는 데에도 시간이 오래 걸리는데 글을 자유롭게 읽고 이해하는 것은 더 어려울 수밖에 없다. 글을 읽거나 책을 보는 것에 부담을 많이 갖고 있다 보니 읽기를 점차 멀리하게 되고 동영상이나 그림 위주의 책을 선호하게 된다.

느린 학습자들의 문해력 지도에서는 글자를 익힌 직후부터 초등 4, 5학년에 이르기까지의 시기가 매우 중요하다. 남들보다 늦게 글자를 익혔으니 뒤처진 학습 진도를 따라잡고자 학습지 푸는 데 집중하게 되면 글자에 대한 반감은 더 커질 수밖에 없다. 지금 느린 학습자에게 필요한 것은 학습지가 아니라 매일매일의 독서 경험이다. 물론 아직 읽기를 어려워하는 아이들에게 매일 책읽기가 반가울 리는 없다. 그래도 쉽고 재미있는 책을 마련하여 매일 조금씩이라도 글 읽는 즐거움을 느낄 수 있도록 환경을 조성해 주도록 하자. 어떤 부모는 독서 저금통을 만들어서 매일 책 5권을 읽고 상으로 받은 500원을 직접 저금통에 넣게 했다. 저금통이 꽉 차면 아이가 원하는 게임기를 사거나 은행에 저축할 수 있는데 이 규칙들은 부모가 일방적으로 지시한 것이 아니라, 아이가 스스로 원하는 목표를 세우고 부모와 협상하는 과정을 거쳐 정해진 것이라고 한다. 지속적인 도전이 필요한 경우 기간이 길어질수록 성취감과 보상이 지연되므로 포기할 수 있으니 매일 가시적인 보상을 주는 방식을 택한 것이다. 가끔은 분위기를 전환하는 것만으로도 즐거운 자극이 되기도 한다. 예를 들어 손전등이나 스탠드 조명만 켜고 책을 읽으면 낭독회 분위기를 쉽게 연출할 수 있다. 느린 학습자 입장에서는 자신이 책 읽는 모습을 가족이 지켜보는 것만으로도 즐거운 경험이자 소중한 추억이 될 것이다.

매일 꾸준히 읽기가 자리를 잡기 시작하면 그다음에는 읽는 시간을 조금씩 늘려간다. 기본적으로 읽기 유창성이 발달하려면 매일매일 2년 이상을 꾸준히 독서하도록 지도할 필요가 있다. 대개 문자 해득이 완성 단계에 가까워지는 2학년 1학기부터 본격적인 교과수업이 진행되는 초등학교 4학년 1학기까지 매일매일 책을 읽도록 지도한다. 초반에는 매일 소리 내어 읽는 연습을 하고 중반 이후부터는 눈으로 읽는다. 눈으로만 읽을 때는 아이가 잘 읽었는지 확인하기 어려우므로, 가장 좋았던 부분을 골라보고 왜 그런 마음이 들었는지 말해보도록 하는 것도 좋다. 보통의 경우라면 이런 과정은 오히려 책읽기의 재미를 방해하는 요소가 될 수 있다. 부모나 교사에게 확인받는 것 같은 느낌이 들기 때문이다. 그러나 내용을 제대로 파악하고 느낌을 표현하는 것이 쉽지 않은 느린 학습자들에겐 이 과정을 가급적 꼭 거치길 권한다.

소리 내어 읽기

글자를 막 익힌 시기에는 글을 읽어도 무슨 내용인지 잘 모른다. 읽어 내려가기에 급급해 어떤 내용이 있었는지 미처 신경 쓰지 못하는 것이다. 일반적으로 읽기에 익숙해지면 이어서 내용을 파악하는 단계로 나아가는 것이 보통이다. 그러나 느린 학습자는 읽기 자체에 익숙해지는 과정이 상대적으로 오래 걸린다. 글자를 읽을 수 있다고 해서 곧장 내용을 파악하는 방법을 지도하기보다는 글자를 소리 내어 읽는 지도를 충분히 하는 것이 좋다. 글자를 막힘 없이 읽고, 모르는 단어가 적어야 글을 읽고 그 내용을 잘 이해할 수 있다.

초등 1학년 2학기에서 2학년 2학기까지는 소리 내어 읽기를 충분히 연습시킨다. 그 과정에서 새로 접하는 단어는 의미를 익히는 노력을 병행한다. 이렇게 1년 정도 소리 내어 글자를 읽는 연습을 하면 모르는 단어가 나와도 대략적인 의미를 파악하는 능력이 함께 발달하게 된다.

'100어절 글'을 1분 안에 읽을 수 있는가?

아이의 읽기 유창성이 충분히 발달했다고 판단하는 기준은 무엇일까? 대략 100개의 어절로 된 글을 준비하여 소리 내어 읽을 때 1분

이내에 틀리는 글자가 거의 없이 읽으면 유창하다고 볼 수 있다.

'100어절 글'이란 띄어 쓴 어절의 수가 100개인 분량으로 구성된 글을 말한다. 문장을 이루는 단위인 어절은 쉽게 말해 띄어쓰기로 구분되는 덩어리라고 할 수 있다.

이 형태를 쉽게 이해하고 활용할 수 있도록 여기에 100어절 글을 수록하였다. 예시문을 이용해 느린 학습자의 유창성 정도를 한번 확인해보기 바란다. 이때 글자를 빠뜨리거나 없는 글자를 삽입하여 읽는 어절의 수도 함께 세어서 오류의 정도를 파악하는 것이 좋다. 대략 초등학교 3학년 기준으로 100어절을 1분 안에 거의 틀리지 않고 유창하게 읽어야 한다. 그 이상의 나이인데도 1분 이내에 읽지 못한다면 유창성에 어려움이 있다고 본다. 이런 경우에는 매일 100어절 이상의 글을 반복해서 소리 내어 읽는 시간을 마련하도록 한다. 자신이 읽는 소리를 녹음하여 직접 들어보는 것도 유창성을 기르는 데 도움이 된다.

100어절 읽기 예시 지문

건강한 생활을 하려면 적당한 운동과 충분한 휴식을 취해야 합니다. 물론 음식도 골고루 섭취해야 합니다. 음식에 들어 있는 여러 가지 영양소들은 우리 몸에 흡수되어 조직을 구성하고 우리가 건강하게 활동하며 성장하도록 해줍니다.

우리 몸에 필요한 영양소에는 탄수화물, 단백질, 지방, 무기질, 비타민, 물이 있습니다. 각각의 영양소는 우리 몸에 소화, 흡수되어 에너지를 만들고, 근육, 혈액, 뼈를 만들어주며, 신체의 여러 기능을 조절하는 역할을 합니다.

탄수화물은 밥, 빵과 같은 음식에 많이 들어 있습니다.
단백질은 쇠고기, 생선, 달걀과 같은 음식에 들어 있습니다.
지방은 식용유, 버터와 같은 음식에 들어 있습니다.
무기질은 우유, 멸치와 같은 음식에 들어 있고,
비타민은 사과, 오렌지, 시금치와 같은 음식에 많이 들어 있습니다.
물은 자체가 영양소입니다.

- 100어절을 읽은 시간: (　　)분 (　　)초
- 오류 어절: (　　)개
- 오류율: (　　)% (오류 어절 수÷100×100, 즉 오류 어절 수와 동일한 수)
- 오류 유형에 동그라미 하시오: 생략, 첨가, 대치, 반전
  - 생략: 글자를 빠뜨리고 읽는 것
  - 첨가: 없는 글자를 넣어서 읽는 것
  - 대치: 기존의 낱말을 다른 낱말로 바꾸어서 읽는 것
  - 반전: 글자의 순서를 거꾸로 읽거나, 바꾸어 읽는 것. 예를 들어 '가방'을 '방가'로 읽는 것

* 반복해서 읽는 것은 오류로 보지 않는다.

올바른
유창성
지도방법

느린 학습자들에게 유창성을 길러주는 일은 읽기 이해력 향상을 위한 전 단계의 작업이다. 유창성 연습이 충분히 되지 않은 상태에서는 내용 이해를 위한 지도가 어려울 수 있다. 유창성을 기르는 독서 방법을 좀 더 살펴보자.

같은 책 반복 읽기? 새 책 읽기?

글이나 책에 흥미를 갖게 하고 글을 물 흐르듯 읽는 유창성을 길러주는 데는 새로운 책보다 아이가 좋아하는 몇 권의 책이 더 효과적일 때가 많다. 물론 새로운 책을 더 좋아하는 아이들도 있다. 읽은 내용을 잘 이해하고 좀 더 새로운 것을 찾고자 흥미를 보이는 아이들은 대체로 유창성에 별다른 어려움이 없다. 만화책은 다소 예외인데, 느린 학습자들도 새로운 흥밋거리(주로 재미있는 그림이나 유머)를 보기 위해 새로운 책을 찾기도 한다.

하지만 느린 학습자 대부분은 새로운 것보다 친숙한 것에서 능숙함을 보이는 경향이 있다. 글자 읽기에 익숙하지 않은 느린 학습자가 새로운 책보다 익숙한 책을 더 좋아하는 이유이다. 아이가 원한다면 원하는 만큼 같은 글이나 책을 반복해서 읽는 것을 허용해주자. 지나치게 한 권의 책에 집착하는 경우에는 연관 있는 다른 책을 준비하여 함께 읽어보도록 권하는 것도 필요하다.

읽는 속도보다 중요한 것

읽기 유창성은 읽는 속도를 기준으로 판단하지만, 이에 못지않게 중요한 것은 틀리지 않고 정확하게 읽는 것이다. 읽기 유창성이 부족한 느린 학습자는 글을 읽을 때 원래의 글자나 낱말을 다른 낱말로 바꾸어 읽거나 빠뜨리고 읽기도 하고, 없는 글자를 삽입해서 읽기도 한다. 바쁘게 읽어 내려가느라 글자를 대강 읽기 때문이다. 이런 과정이 반복되면 의미 파악도 잘 안 되고 대충 읽는 습관이 자리 잡을 수 있다.

정확하게 읽는 습관을 들이기 위해서는 글자를 빨리 읽기보다 틀리지 않고 차근차근 읽겠다는 느린 학습자 자신의 의지가 필요하다. 연음이나 두음법칙 등 소리 변형이 일어나는 글자는 느린 학습자가 글자 밑에 발음을 미리 적어 둔 다음 소리 내어 읽는 연습을 할 수도 있다. 어느 정도 글자나 낱말 읽기의 정확성이 확립되었다 싶을 때 읽기 속도를 측정하면서 유창성 연습을 하면 된다.

유창성 지도방법 1: 반복 읽기

글이나 책을 매일 반복해서 읽는 방법이다. 시중에 나와 있는 학습지의 지문을 읽을 수도 있겠지만, 그보다는 느린 학습자가 평소에 좋아하는 책을 반복해서 읽는 것이 더 효과적이다. 학습지나 교재의 지문은 엄선하여 잘 구성된 문장들로 이루어져 있지만 느린 학습자의 입장에서는 학습의 의무감이 더 크게 다가오기 때문에 읽기의 즐거움을 발견하고 즐기는 데는 오히려 방해가 될 수 있다.

책을 반복해 읽다 보면 처음에는 발견하지 못했던 내용을 새로이 알아차리기도 하고 책 속의 그림이 달리 보이기도 한다. 느린 학습자들도 장차 책에 대한 관심과 사랑을 가질 수 있도록 반복 읽기는 가급적 학습지보다 책으로 할 것을 권한다. 그러다 가끔은 언론 기사나 어린이신문의 글 또는 학교 가정통신문의 글 읽기로 변화를 주는 방법도 있다. 이러한 글도 모두 실생활과 연계된 현실적인 자료들이므로 학습을 위해 구성해 놓은 학습지와는 다른 느낌으로 다가올 수 있다.

유창성 지도방법 2: 소리 내어 읽기

소리 내어 읽기는 두 단계로 구분하여 지도한다. 첫 단계는 그저 주어진 글이나 책을 아무런 의도 없이 소리 내어 읽는 단계이다. 이때는 내용 확인을 하지 않고, 글자를 읽는 데만 집중하도록 한다. 그러다가 어느 정도 익숙해지면 그다음 단계인 '소리 내어 생각하면서 읽기'를 지도한다. 예를 들면 등장인물이 여러 명 등장하는 책이나 글을 선택하여 각 인물의 기분이나 느낌을 생각하면서 감정을 담아 읽게 하는 것이다. 등장인물이 화가 났는지, 속상한지 등을 생각하면서 목소리에 변화를 주다 보면 글의 전반적인 분위기를 이해하고 상황을 판단하는 데 도움이 될 수 있다.

다만 너무 과장되게 목소리의 변화를 주면서 읽는 것에 몰입하다 보면 학교 수업 시간에도 그렇게 읽는 경우가 간혹 있다. 감정을 살려 읽었다고 칭찬받을 수도 있지만 친구들의 놀림 대상이 되기도 하니 상황에 맞게 적절한 방법으로 읽을 수 있게 지도한다.

소리 내어 생각하면서 읽는 또 다른 방법은 쉼표, 마침표, 물음표, 느낌표, 작은따옴표, 큰따옴표 등 문장부호에 주의를 기울이며 읽는 것이다. 각 문장부호의 역할을 생각하면서 읽으면 쉼표에서 쉬고, 물음표는 말꼬리를 올리고, 느낌표는 힘을 주는 등 글쓴이의 의도를 파악하고 낱말과 문장의 분위기를 이해하는 데 도움이 된다.

유창성 지도방법 3: 함께 읽으며 고쳐주기

교사나 부모가 함께 소리 내어 글을 읽다가 느린 학습자가 틀리게 읽으면 바로바로 고쳐 주는 방법이다. 이 방법은 시작하기에 앞서 그렇게 하는 의도를 잘 설명해주어야 한다. 자칫 잘못을 지적받거나 야단맞는 느낌이 들지 않도록 세심하고 주의 깊은 의사 소통 기술이 필요하다. 그렇지 않으면 느린 학습자 자신이나 함께 읽는 부모 또는 교사 모두 감정이 상한 채 끝날 수도 있다. 도움을 주기 위해 하는 것임을 설명하거나 틀린 부분을 바로잡을 때도 부드러운 눈빛과 자상한 어조로 말하도록 유의한다.

사실 현장에서 느린 학습자를 담당하는 교사나 그들의 부모를 상담하다 보면, 그들이 하는 말의 내용은 치료사나 전문가들과 별반 차이가 없지만 의사소통 방식에서 크게 차이가 있는 것을 보게 된다. 지나치게 단호한 어투나 엄격한 태도로 말하거나 아이가 부담스러울 만큼 강하게 쳐다보는 경우가 적지 않았다. 심리적으로 위축될수록 상대의 말이 귀에 잘 들어오지 않으니 의사소통도 제대로 이루어질 리 없다. 가르치고자 하는 의도를 되도록 부드럽고 온화한 표정과 어조로 충분히 설명하여 느린 학습자가 적극적으로 참여할 수도 있도록 격려하고 지도하는 것이 필요하다.

보통 반복 읽기를 연습하는 시간은 10분~20분 정도가 적당하다. 그 이상을 진행하게 되면 학생도 힘들어서 지치게 되고, 가르치는 사람도 욕심 내어 '좀 더, 좀 더' 하며 다그치기 쉽다.

한편 구조화된 지도 시간, 즉 정해진 읽기 유창성 지도 시간이 아닌데도 매번 틀리게 읽는 글자를 고쳐주는 것은 느린 학습자가 읽기를 부담스러워하게 만드는 등 오히려 역효과를 낳을 수 있으므로 피해야 한다. 함께 반복해 읽으며 고쳐주기는 구조화된 지도 시간에만 강조해서 지도하고, 그 외 시간에 아이가 스스로 책을 읽고 있거나 따로 도움을 요청하지 않은 상황에서는 틀린 글자를 고쳐주지 않는 것이 좋다. 옆에서 보다 보면 모르는 글자를 바로바로 알려주고 싶은 마음이 드는 것은 당연하다. 그러나 그것은 느린 학습자의 읽기 학습에 전혀 도움이 되지 않기 때문에 혼자 책을 읽는 시간까지 간섭하지 않도록 주의한다. 이러한 작은 배려도 느린 학습자의 주도성을 기르는 데 도움이 된다.

한 번 더 강조하자면 느린 학습자도 얼마든지 책을 즐기는 사람이 될 수 있다. 그 과정에서 종종 걸림돌이 되는 것은 자꾸만 가르쳐주려는 어른들의 태도이다.

유창성 지도방법 4 : 끊어 읽기

느린 학습자가 어느 정도 읽기 유창성을 확보한 뒤에는 끊어 읽기를 연습한다. 끊어 읽기는 '누가 언제 어디서 무엇을 어찌하다'를 구분하면서 읽는 것이다. 의미에 따라 나뉘는 구를 단위로 '누가 언제 어디서 무엇을 어찌하다'를 나타내는 적절한 위치에서 조금 쉬었다 읽는다. 예를 들면 다음과 같이 끊어 읽을 수 있다.

> 점심시간에 / 친구들과 함께 / 운동장에서 / 축구를 하였다.

'누가 언제 어디서 무엇을 어찌하다'를 생각하면서 끊어 읽으면 자연스럽게 내용을 이해하는 데 도움이 된다. 시간을 나타내는 말이 무엇인지, 장소를 나타내는 말이 무엇인지, 행위를 나타내는 말이 무엇인지 구분할 수 있게 되기 때문이다.

또한 '누가 언제 어디서 무엇을 어찌하다'와 끊어 읽기를 동시에 하면 생각하면서 읽는 연습도 된다. 보통 느린 학습자들은 글을 읽을 때 읽기에 급급하여 내용 파악을 제대로 해내지 못하는 경우가 많다. 하지만 누가 언제 어디서 무엇을 어찌하는지 생각하는 것은 읽는 행위보다 의미를 파악하는 데 집중하게 해주어 의미를 받아들이고 이해하는 능력에도 도움이 된다.

느린 학습자는 글자를 익히고
막힘 없이 읽게 되기까지
상대적으로 오래 걸린다.

읽기 유창성이 부족한
느린 학습자는 글을 읽을 때
글자를 바꿔 읽거나
빠뜨리기도 하고
없는 글자를 삽입해서 읽기도 한다.

정확하게 읽는 습관을 먼저 들이고
그다음 읽는 속도를
높이는 단계로 나아가야 한다.

읽는 책의
수준
높이기

조금 쉬운 책에서 조금 두꺼운 책으로

느린 학습자들에게 책을 읽히고 싶은 마음은 부모와 교사, 치료사 모두 같다. 아주아주 쉬운 책이라도 읽기만 하면 좋다는 마음도 든다. 하지만 느린 학습자라고 항상 너무 쉬운 책만 읽어서야 되겠는가? 진정한 독서의 세계로 넘어가려면 책이 주는 즐거움과 감동을 알아야 하는데 연령에 맞지 않는 쉽고 얇은 책만 읽어서는 그러기 쉽지 않다. 느린 학습자에게도 수준에 맞는 책, 수준 높은 책을 접하게 해주자. 물론 하루아침에 되지는 않는다. 쉬운 책에서 시작해 조금씩 단계를 높여가야 한다.

여기서 말하는 쉬운 책이란, 문장도 짧고 페이지당 문장의 수도 적은 책, 전체 분량이 30쪽을 넘지 않으며 글보다 그림이 많은 책을 말한다. 사실 좋은 그림책은 어른들이 읽어도 감동적이고 어느 연령에서 읽어도 유익하다고 생각한다. 하지만 느린 학습자가 그림책뿐만 아니라 글 중심의 책에도 흥미를 갖게 하는 것이 목표인 만큼, 지금은 글이 많은 책을 중심으로 이야기하고자 한다. 쉬운 책을 읽다가 다음 단계인 좀 더 두꺼운 책으로 책읽기 수준을 높이는 것이다.

좀 더 두꺼운 책이란 대략 한 쪽에 15줄 이상의 문장이 있고 전체 쪽수가 60~70쪽 이상인 책을 말한다. 이 정도를 자주 읽다 보면 100쪽 이상의 책으로 넘어가는 것도 어렵지 않게 된다. 이 단계에서는 부모나 교사의 의도적인 지도가 필요하다. 조금 두꺼워서 읽기를 거부하는 느린 학생들에게 필요성을 이해시키고, 스스로 도전하여 생각보다 어렵지 않다는 것을 경험하게 해주어야 한다. 그러기 위해 부모나 교사가 적절한 책을 선택해 건네주고 함께 읽는 것이 좋다. 혼자 읽고 이해해야 한다면 부담스럽지만 누군가 함께 읽어준다면 공통의 화제로 대화를 나누면서 좀 더 흥미를 가질 수 있다.

이때는 다독보다는 정독이 중요하다. 책을 많이 읽기보다는 두꺼운 책을 조금씩 나누어 차근차근 읽도록 한다. 습관을 들이기 위해 읽기 전에 미리 어느 정도 읽을 것인가 정해 놓는 방법도 있다. 도중에 느린 학습자가 힘들어하면 부모나 교사가 함께 앉아서 몇 페이지 정도를 같이 읽고 내용이나 느낌을 간단히 이야기 나누어도 좋다.

두꺼운 책을 읽다 보면 느린 학습자는 앞서 읽은 내용을 기억하지 못하기도 한다. 그렇더라도 이를 나무라서는 절대 안 된다. 건성으로 읽거나 일부러 그러는 것이 아니고 야단친다고 더 잘 기억하는 것도 아닌 만큼 이런 소용 없는 꾸짖음으로 느린 학습자에게 부정적인 영향을 끼치지 않도록 주의한다. 그럴 땐 잠시 앞장을 넘겨 가며 기억하게 도와주는 것으로 충분하다.

함께 읽고 대화하기

느린 학습자들은 글에 대한 이해력이 낮기도 하지만 자기 생각을 정리하고 표현하는 능력도 부족한 편이다. 어릴 때부터 부모와 많은 대화를 나눈 느린 학습자는 자기 표현을 꽤 잘하기도 하지만 느린 학습자들은 대부분 말과 글에 자신감이 없다. 그렇다 보니 또래와 이야기를 나누는 것조차 부담스러워하는 경우도 많다.

느린 학습자와 함께하는 어른들은 그들이 미숙한 표현을 해도 이해해주고 더 잘 표현하도록 이끌어주는 역할을 해야 한다. 이때 느린 학습자가 읽고 있는 책은 좋은 매개가 된다. 조금 두꺼운 책을 함께 읽거나 미리 읽은 후 책 내용에 관해 자연스럽게 대화를 나누는 것은 느린 학습자의 언어 표현능력을 키우는 데 큰 도움이 된다.

책을 찾아 읽는 여러 가지 방법

일반적으로 책을 좋아하면 자연스럽게 여러 가지 방법으로 책을 찾아 읽게 된다. 좋아하는 작가의 다른 작품들을 찾아 읽기도 하고, 주제나 장르별로 작품들을 고르거나 추천받아 읽기도 한다. 조금 두꺼운 책을 읽는 단계가 된 느린 학습자에게도 책을 찾아 읽는 여러 방법을 알려주어 책 읽는 즐거움에 좀 더 다가가게 해주자. 흥미를 보인 책이 있다면 그 작가를 좀 더 알아보고 다른 작품들을 찾아 읽고 이야기 나눌 수도 있다. 또는 아이가 좋아하는 주제의 책을 다양하게 찾아 읽는 방법도 있다. 느린 학습자 중에는 특정한 주제나 대상에 관심을 깊이 보이는 경우가 많다. 자동차라든가, 게임 캐릭터라든가, 역사라든가 하는 특정 분야에 대해 이야기하는 것을 좋아하는 느린 학습자가 많은데, 관심 주제의 책을 찾아 읽으면 독서를 지속하는 데도 도움이 된다.

보통 느린 학습자는 스토리 이해도가 낮아서 스토리 자체보다 등장인물의 성격이나 태도 등을 비교하는 방식으로 책 읽기를 확장하는 것이 수월한 편이다. 예를 들어 동화책을 통해 다양한 공주 캐릭터를 소개하는 방식으로 책 읽기를 확장한다면, 예쁘고 착한 공주, 씩씩하고 용감한 공주, 힘이 세고 싸움을 잘 하는 공주 등 서로 다른 성격의 등장인물이 나오는 여러 책을 읽는 식이다. 책 읽기의 즐거움도 경험하고 자신의 성격과 등장인물의 성격도 비교하는 등 유익한 활동도 해볼 수 있다.

한 줄 생각 쓰기

느린 학습자가 표현에 다소 서툴다고 해서 자기 표현의 욕구가 적은 것은 결코 아니다. 자신을 표현하고자 하는 욕구가 강한데 다만 방법을 모를 뿐이다. 그럴 때는 책을 읽고 나서 책에서 가장 마음에 들었던 구절을 옮겨 적거나, 하고 싶은 말을 쓰는 등 표현 활동을 함께 하도록 한다. 처음에는 되도록 느린 학습자가 쓴 글을 고쳐주지 말고 그대로 두어야 한다. 한 달 이상의 시간이 지난 후에도 표현에 큰 변화가 없다면 그때 방법을 살짝 가르쳐주면 된다. 처음에 자신이 썼던 글과 나중에 쓴 글을 비교해 보면 성장하는 모습을 볼 수 있어서 도움이 된다.

매일 책읽기를 꾸준히 하더라도 한 줄 생각 쓰기까지 매일 하는 것은 부담스러운 일이다. 일주일에 한 번 또는 책을 다 읽은 후 한 번 정도로 주기를 미리 정해놓고 꾸준히 실천하도록 한다. 평소 공부해야 할 양이 많은 학습자라면 학습량과 비교해 적절히 조절하는 융통성이 필요하다. 다만 꾸준한 연습만이 효과가 있으므로 일단 시작하면 흐지부지되지 않게 잘 지도한다.

학습지 공부보다 중요한 것

느린 학습자들은 또래보다 학습의 양이 많다. 또래가 한두 번 반복하면 배울 수 있는 것을 느린 학습자들은 예닐곱 번 반복해야 하기 때문이다. 느린 학습자의 교육에 관심 있는 부모일수록 아이의 인지 능력을 향상하고 학교 공부에 뒤처지지 않도록 부단히 학습을 시킨다. 하지만 초등학교 시기에 느린 학습자에게 가장 필요한 것은 책읽기라고 생각한다. 영어 단어 하나 외우는 것보다 책읽기가 훨씬 중요하다. 책읽기로 어휘력을 높이고 느린 학습자에게 가장 큰 난관인 언어 표현력과 이해력을 끌어올리는 것이 급선무이다. 가급적 매일 저녁 30분 정도는 부모가 자녀와 책읽기를 함께 하기를 권한다. 끝까지 다 읽지 못해도 된다. 함께 읽고 이야기 나누고 눈맞춤도 하면서 느린 학습자에게 지적인 힘과 정서적인 힘을 함께 길러주는 것은 다른 어떤 학습지 풀이나 공부보다 큰 힘으로 자리 잡게 될 것이다.

특히 조금 쉬운 책에서 두꺼운 책으로 넘어가는 단계는 꾸준한 지도와 노력이 절실히 필요한 때이다. 이 힘겨운 과정을 믿을 수 있는 어른이 함께한다면 느린 학습자가 중도 포기하지 않고 성공적으로 마칠 수 있다. 이 경험을 통해 느린 학습자는 자신의 한계를 넘어 생각하는 힘을 키우고 책을 통해 배우는 과정을 즐기는 학습자로 성장할 것이다.

적절한
책의 기준

느린 학습자들의 책 읽기 수준을 높이는 문제에 대하여 이야기하였다. 하지만 느린 학습자들에게 책읽기 지도를 하고 싶어도 어떤 책을 골라줘야 하는지 그 기준이 분명하지 않아서 어려움을 겪는 경우가 많다. 책읽기가 중요하다고 생각하지만 그냥 또래 아이들이 읽는 것을 줘도 되는지, 아니면 이들을 위한 특별한 책을 주어야 하는지 분명하지 않아서 어렵게만 느껴진다.

느린 학습자도 유치원 등 어린 시절에는 또래들처럼 그림책을 다양하게 보는 것이 좋다. 훌륭한 작가의 그림과 따뜻한 내용이 담긴 그림책을 많이 보도록 하는 것이 필요하다. 나중에 어느 정도 책 읽기가 가능해지고 수준 높은 책을 읽을 수 있게 되었을 때는 또래들이 보는 책 중에 고를 수 있으니 크게 걱정할 필요가 없다. 가장 어려운 것은 쉬운 수준에서 높은 수준으로 넘어가는 중간 단계이다. 쉽고 얇은 책과 두껍고 어려운 책 사이에 60~100쪽 정도 되는 약간 두꺼운 책을 읽는 이 단계는 책을 좋아하는 사람으로 성장할지, 책을 부담스러워하며 멀리하는 사람으로 성장할지 결정짓는 중요한 순간이다. 책을 좋아하는 학생은 별 어려움 없이 더 두꺼운 책으로 곧장 단계를 높여가지만 읽기를 어려워하는 느린 학습자는 이 단계에 충분히 머무르면서 책과 친해지고 글의 이해력을 높이는 것이 좋다. 이때 느린 학습자가 읽을 책을 고를 때 반드시 고려해야 할 몇 가지 기준을 정리해 보았다.

느린 학습자에게 적절한 책의 기준

느린 학습자들은 또래에 비해 어휘력이 부족하고 문장 이해력이 낮다. 너무 어려운 어휘로 이루어져 있거나 문장이 길고 복잡하면 이해하기가 어려우므로 되도록 쉽고 일상에서 자주 접하는 단어 위주의 문장, 복잡하게 꼬지 않은 단순한 문장이 들어 있는 글이나 책을 고르도록 한다. 그렇다고 지나치게 쉬운 수준, 홑문장 중심의 글이나 책을 고르면 느린 학습자들의 언어능력 발달에 별 도움이 되지 않는다. 어느 정도 쉬우면서도 그 나이에 알아야 할 단어들이 적절히 들어 있어야 한다. 또 홑문장보다는 이어진 문장이 적절히 들어 있어서 인과관계나 시간적 흐름, 앞뒤 사건의 관계를 다양하게 이해하는 경험을 할 수 있어야 한다. 예를 들어 '의사가 존시네 집에 찾아왔습니다. 의사는 존시를 살펴보았습니다. 의사가 수에게 말했습니다.'라고 홑문장만으로 쓰인 책보다는 '의사가 존시네 집에 찾아왔습니다. 의사는 존시를 살펴본 후에 수에게 말했습니다.'라고 홑문장과 이어진 문장이 섞여 있는 책이 더 좋다. '의사는 존시를 살펴본 후에 수에게 말했습니다.'라는 문장을 통해 느린 학습자가 시간의 흐름과 행동의 변화를 배울 수 있기 때문이다.

두 번째는 다양한 감정이 풍부하게 담긴 책이다. 느린 학습자는 정서적 이해나 표현 영역에서 다소 뒤처지다 보니 자신의 감정을 전달하는 방법을 잘 모르고, 타인의 감정을 이해하거나 공감하는 능력이 부족한 경우가 많다. 다양한 정서가 표현된 책을 읽으면서 사람들이 느끼는 여러 감정을 간접적으로 경험하는 것은 큰 도움이 된다. 책 속 등장인물들이 나타내는 감정과 자신이 생활 속에서 느끼는 감정을 연관 지어 이해하는 경험을 통해서 공감 능력을 키우고 자기감정을 존중하는 경험을 할 수 있게 된다. 감정이 지나치게 과장되어 표현된 책보다는 현실적으로 감정을 생각해보게 도와주는 책이 느린 학습자의 공감 능력을 키우는 데 더 좋다.

다음은 일상의 경험과 연결되는 내용을 담은 책이다. 느린 학습자들은 배운 것을 생활 속에서 적용하기 어려워한다. 딱 배운 것만 알고, 생활 속의 비슷한 사건에 응용 또는 대입하여 적용하는 것에는 어려움을 느끼는 경우가 많다. 책을 보며 일상 속 다양한 상황과 연관 지어 보는 것은 느린 학습자에게 좋은 경험이 된다. 일상생활 또는 교실에서 경험하거나 관찰했을 법한 상황이 묘사된 책을 읽으면서 자연스럽게 평소 잘 이해되지 않았던 상황을 이해할 수도 있고, 참여하고 싶었던 여러 활동에 대해 의견이나 바람을 이야기 나누는 기회가 될 수도 있다.

마지막으로 관심의 폭을 확장하게 도와주는 책이다. 개인이나 교실, 가족에 한정되지 않고 이웃과 사회, 국가와 지구, 환경과 동물 등으로 관심이 확장된다면 그만큼 지식의 폭도 넓어질 수 있다. 이는 스스로 더 나은 사람이 되고자 하는 의지를 갖는 데도 도움이 된다. 많은 것을 알고 타인과 세상을 향해 시야가 열리면 자기 자신에 대한 기대를 높일 뿐 아니라 더 나은 사람이 되기 위해 노력하는 동기를 부여하기도 한다.

느린 학습자를 위한 책 선정 조건

1. 이해하기 쉬운 문장으로 구성되어야 한다.
2. 어렵지 않아도 다양한 어휘를 사용한 책이 좋다. 너무 간단하고 쉬운 어휘로만 된 책은 사고력의 발달에 도움이 되지 않는다.
3. 문장의 길이가 너무 짧지도 길지도 않아야 한다. 홑문장과 겹문장이 적절히 섞여 있어야 한다.
4. 내용이 낯설지 않고 친숙할수록 좋다. 평상시 생활과 비슷하거나 한두 번 정도 들어봄 직한 내용이면 좋다.
5. 공감능력을 발달시킬 수 있도록 등장인물들의 다양한 감정이 따뜻하게 표현되어야 한다.
6. 일상생활에서 적용해 볼 수 있는 내용이 담겨 있어야 한다.
7. 상상력을 발달시킬 수 있는 내용. 책을 읽으면서 머릿속으로 그려볼 수 있는 글이 좋다.
8. 두께가 너무 얇거나 두껍지 않고, 분량이 60~100쪽인 책을 읽는 기간을 충분히 갖는다.
9. 등장인물의 마음을 유추해 볼 수 있는 그림이 실려 있으면 좋다.
10. 유머와 재치가 있는 재미있는 책. 유익보다는 재미가 우선이다.
11. 용기와 교훈을 얻을 수 있는 내용인지 살펴본다.
12. 번역서는 같은 원작이라도 문장이 깔끔한 책, 좋은 번역가의 책을 고른다.

느린 학습자를 위한 연령별 추천도서

번호	책 제목	저자	출판사	추천 연령
1	콩, 너는 죽었다.	김용택 시, 김효은 그림	문학동네	초등 3학년 이상
2	할머니가 필요해	미셸 에드워즈 지음, 장미란 옮김	시공주니어	초등 3학년 이상
3	고양이 마음사전	나응식 글, 댄싱스네일 그림	주니어김영사	초등 3학년 이상
4	심심해 대마왕	수지 모건스턴 글, 클로틸드 들라클루아 그림, 김영신 옮김	크레용하우스	초등 3학년 이상
5	말라리아를 퇴치한 투유유 이야기	수 루 글, 알리체 코피니 그림, 신여명 옮김	두레아이들	초등 3학년 이상
6	로알드 달의 무섭고 징그럽고 끔찍한 동물들	로알드 달 글, 퀜틴 블레이크 그림, 천미나 옮김	담푸스	초등 3학년 이상
7	악동에게는 친구가 필요해	소피 라구나 글, 리 홈즈 그림, 김호정 옮김	책속 물고기	초등 3학년 이상
8	미운맛 사탕	구사노 아키코 글, 히가시 치카라 그림, 우민정 옮김	그레이트북스	초등 3학년 이상
9	돈을 공짜로 드립니다!	페레 코메야스 글, 테레사 마르티 그림, 김영주 옮김	책속물고기	초등 3학년 이상
10	떡볶이 공부책	정원 글, 경혜원 그림	초록개구리	초등 4학년 이상
11	새들의 눈에는 유리창이 보이지 않아요!	시그문드 브라우어 글, 이은지 그림, 박선주 옮김	책속물고기	초등 4학년 이상
12	신기한 잼 소동	크리스틴 팔뤼 글, 프레데릭 조스 그림, 김미선 옮김	웅진씽크빅	초등 4학년 이상
13	축구생각	김옥 글, 윤정주 그림	창비	초등 4학년 이상
14	꿈꾸는 레모네이드 클럽	패트리샤 폴라코 지음, 김정희 옮김	베틀북	초등 4학년 이상

15	토요일의 보물찾기	베치 바이어스 글, 이정은 그림, 이선희 옮김	큰북작은북	초등 4학년 이상
16	집안일이 뭐가 힘들어	완다 가그 지음, 신현림 옮김	다산기획	초등 4학년 이상
17	하지만…	안느 방탈 글, 유경화 그림, 이정주 옮김	이마주	초등 4학년 이상
18	강치야, 독도 강치야	김일광 글, 강신광 그림	봄봄	초등 4학년 이상
19	궁금해요, 장영실	안선모 글, 백명식 그림	풀빛	초등 4학년 이상
20	햇빛초 대나무 숲에 새글이 올라왔습니다	황지영 글, 백두리 그림	우리학교	초등 5학년 이상
21	중국	이어령 글, 이강 그림	웅진닷책	초등 5학년 이상
22	프랑스	이어령 글, 윤종태 그림	웅진닷책	초등 5학년 이상
23	페달을 밟아라!	미셸 멀더 글, 전혜영 옮김	초록개구리	초등 5학년 이상
24	난 작가가 될거야	재클린 윌슨 글, 닉샤랫 그림, 지혜연 옮김	시공주니어	초등 6학년 이상
25	잠옷파티	재클린 윌슨 글, 닉샤랫 그림, 지혜연 옮김	시공주니어	초등 6학년 이상
26	고민의 방	재클린 윌슨 글, 닉샤랫 그림, 지혜연 옮김	시공주니어	초등 6학년 이상
27	다시 읽는 임석재 옛이야기 6 -맹사성과 '공당' 문답	임혜령 엮음, 이은천 그림	한림출판사	중등 1학년 이상
28	라만차 돈키호테	미겔 데 세르반테스 글, 한혜선 엮음	거인	중등 1학년 이상

29	그림으로 보는 창가의 토토	구로야나기 테츠코 글, 이와사키 치히로 그림, 고향옥 옮김	주니어김영사	중등 1학년 이상
30	천사가 된 비키	재클린 윌슨 글, 닉 샤랫 그림, 이은선 옮김	시공주니어	중등 1학년 이상
31	어린 왕자	생텍쥐페리 지음, 백은주 옮김	아름다운날	중등 2학년 이상
32	나는 진짜 나일까	최유정 지음	푸른책들	중등 2학년 이상
33	아무도 모르는 이야기- 사과나무숲	여균동 지음	사유	중등 2학년 이상
34	갈매기의 꿈	리처드 바크 지음, 신현철 옮김	현문미디어	중등 2학년 이상

느린 학습자가 앞서 읽은 내용을
기억하지 못하더라도 나무라지 말자.
건성으로 읽거나
일부러 그러는 것이 아니며,
야단친다고 더 잘 기억하게
되는 것도 아니다.

얇고 쉬운 책에서
조금 두꺼운 책으로
넘어가는 단계는
꾸준한 지도와 노력, 격려와 지지가
절실한 시기이다.

Part 3.

느린 학습자에게
필요한 기본 문법

읽고 쓰고 말하고 듣고 이해하는 능력, 즉 문해력을 향상하려면 기본 문법을 이해해야 한다. 문법은 느린 학습자가 문장을 이해하는 데 중요한 단서로 이용될 수 있다.

읽기와 문법

 읽는다는 것은 글을 읽고 거기에 담긴 의미를 이해하는 것까지 포함된 과정이다. 느린 학습자들이 성공적으로 읽기를 해내기 위해서는 여러 가지 읽기 기술이 필요하다. 먼저 글자를 머뭇거림 없이 읽을 수 있어야 한다. 글자를 인지하고 문장 속 글자를 유창하게 읽는 능력이 필수적으로 선행되어야 한다. 하지만 그렇다고 그 의미를 바로 이해할 수 있는 것은 아니다. 글자를 파악하는 것이 내용을 읽고 이해하는 데 충분한 조건이 되지 않기 때문이다. 실제로 많은 느린 학습자들이 막힘없이 술술 문장을 읽을 수는 있지만 그 의미를 파악하는 데 어려움을 겪는다. 특히 초등학교 고학년 이상 중고등학교를 다니는 느린 학습자들에게서 더 많이 나타난다.

문맹 아동에 관한 연구로 유명한 교육심리학자 데먼트와 곰버트[1]는 읽고 이해하는 능력이 문장의 구조 같은 구문 인식 능력과 관련되어 있다고 하였다. 구문 인식이란 문장에 포함된 문법구조의 인식능력을 말한다. 문장의 어순, 문장성분, 시제, 복잡한 구조의 문장에 대한 이해 등이 필요하다는 것이다.

나라마다 학생들을 위한 기본 교육과정을 구성할 때 기초 문법 교육을 포함시킨다. 우리나라는 2015년 개정 교육과정 안에서 다음과 같이 기초 문법을 가르치도록 하였다.

초등 1~2학년	• 한글 해득 • 낱말과 문장, 문장부호의 바른 사용
초등 3~4학년	• 낱말, 문장 및 높임법
초등 5~6학년	• 주어, 서술어, 목적어 등 문장성분 간의 호응관계 • 낱말 확장
중학교 1~3학년	• 품사의 종류와 특성 • 문장의 짜임

2022년 개정 교육과정에서도 비슷한 내용을 다루도록 하였으나, 교육 현장에서는 이론적 기초보다 실생활에서 필요한 의사소통에 중심을 두는 기조이다. 예절에 맞는 바른 말 쓰기, 상황에 맞는 문장 쓰기가 강조되고 기본 문법에 관한 학습은 점점 축소되는 경향을 보인

---

1) E. Demont, J. E. Gombert, 1994년.

다. 또한 미래지향적 국어역량이 강조되면서 의사소통뿐 아니라 비판적 작문의 중요성을 강조하는 방향으로 나아가고 있다. 느린 학습자에게 기초적인 국어 문법을 교육과정 안에서 배울 기회가 충분하지 않은 실정이다.

느린 학습자에게 문법 지식이 필요한 이유

　모국어를 사용하는 일반인은 문법을 굳이 의식하지 않아도 읽고 쓸 때 경험을 통해 자연스럽게 문법 규칙을 적용한다. 반면에 느린 학습자는 문법에 관한 지식이 없으면 글을 읽거나 문장을 만들 때 어려움을 겪는다. 국어 문법은 느린 학습자들이 자기가 의도하는 바를 표현하고자 필요한 문장을 만들 때 도움이 되며, 글을 읽을 때에도 낱말과 문장이 의미하는 바를 이해하는 중요한 단서로 사용될 수 있다. 하지만 학교에서는 느린 학습자들이 완전히 이해할 수 있을 만큼 충분히 시간을 두고 기본 문법을 가르치지 않는다. 기초 문법 지식이 부족하니 글을 읽고 이해하는 데 어려움을 겪고, 그러다 보니 더 나은 지식을 습득하기도 어렵다. 학년이 올라갈수록 이와 같은 어려움은 가중되고 또래들 사이의 학력 격차를 심화하는 원인으로 작용하기도 한다.

얼버무리듯 말하고 단답형으로 대답하는 이유

느린 학습자들은 평소에도 말을 '얼버무리듯' 불분명하게 한다. 무슨 이야기를 하려는 것인지 명확하지 않고 이 단어 저 단어 뒤섞어서 대충대충 말하는 것이다. 예를 들어 "오늘 선생님이 뭐라고 하셨어?"라고 질문하면 "어어, 수학, 수행평가… 수행평가해야 되는데…."라고 답하는 식이다. 말을 더듬는 것은 아니지만 몇 가지 단어를 나열하거나 문장을 제대로 끝맺지 못하고 흐릿하게 말한다. 또한 느린 학습자들은 누군가 물어오면 대체로 단답형으로 대답한다. "지난주에 어떻게 지냈어?" "잘 지냈어요." "뭐 하면서 잘 지냈어?" "게임했어요." 문장을 만들어서 길게 이야기해 보도록 요구해도 두세 어절을 좀처럼 넘지 못한다. 문장이 길지 않고, 단순하고 유아적이다. 꾸미는 말이나 행동이나 상태를 나타내는 말(관형어, 부사어, 서술어)을 잘 사용하지 않는다. 명사를 나열하거나 일상적으로 자주 사용하는 꾸밈말을 한정적으로 사용한다.

글을 쓸 때도 같은 특징이 나타난다. 일기를 쓰거나 자기 생각을 글로 쓰거나 어떤 상황을 놓고 글을 쓸 때도 문장을 유창하게 써나가지 못하고, 두세 어절의 문장에서 멈추는 경우가 많다. '유튜브를 많이 한다.' '오늘 재미있었다.'와 같이 앞뒤 없이 글을 쓰기도 한다. 좀 더 길게 글을 쓰도록 하면 난처한 표정으로 선생님 얼굴을 바라본다. 선생님의 얼굴을 자주 힐끗거리면서 힌트나 단서라도 주길 원하는 것이다. 그러다 보니 "그만 봐. 내 얼굴에 답 안 쓰여 있어. 그리고 안 도와줄 거니까 혼자 해야 돼."라는 말을 자주 하게 된다. 적절한 어휘도 생각나지 않고, 낱말을 어떤 순서로 조합할지, 문장은 어떻게 배열할지 모르는 막막한 상태. 문법적 지식이 충분히 발달되지 않은 느린 학습자가 혼자 힘으로 문장을 만드는 것은 그만큼 어려운 일이다.

말하거나 글을 쓸 때 적절하게 문법적 표현을 하지 못한다는 것은 다른 사람의 말을 들을 때나 글을 읽을 때도 문법적 지식을 활용하지 못한다는 뜻이다. 오직 몇몇 낱말을 중심으로 이해하려고 하기 때문에 문장의 실제 의미와 다른 뜻으로 잘못 해석하는 일도 생긴다. 그러므로 느린 학습자들이 주어진 문장의 의미를 오해 없이 정확하게 이해하도록 하려면 그들이 문법적 지식을 바르게 사용할 수 있도록 가르칠 필요가 있다. 글을 읽고 이해하는 데 어려움을 보이는 느린 학습자에게 문법 지식의 습득이 꼭 필요한 이유이다.

문법 지도가 읽기 이해력을 높인다

치료실에 내원하였던 한 느린 학습자에게 웩슬러 기초학습기능

검사K-WFA나 기초학습능력검사NISE-B·ACT와 같은 도구를 이용하여 읽기 이해력과 관련된 검사를 실시하였다. 읽기 이해력을 평가하는 방법은 검사 도구마다 다르지만, 주로 문법적으로 알맞은 단어를 배열하거나 문장의 내용을 적절하게 표현하는 그림 고르기, 짧은 글을 읽고 내용을 설명하는 질문에 답하기 등의 평가 방법이 포함된다. 평가 결과 느린 학습자는 글 전체의 내용은 대강 알고 있지만 요점을 묻거나 글 이해와 관련된 문제에는 정확히 답변하지 못했다. 또한 자기가 읽은 글을 요약하여 쓸 때도 적절한 조사를 사용하지 못하고, 어순에 맞게 내용을 정리하기 어려워했다. 어떤 내용이었는지를 묻자 어설프게 대강의 내용을 말할 수 있었으나, 진정한 의미의 내용 이해를 할 수는 없었던 것이다.

이 학생에게 문장에서 낱말의 어순을 어떻게 배열해야 하는지, 조사는 어떻게 사용해야 하는지, 문장의 끝맺음을 잘하기 위해 서술어 어미를 어떻게 사용해야 하는지를 가르쳤더니 글 이해능력이 훨씬 더 정교해졌다.

보통 느린 학습자들에게 조사에 대하여 가르칠 때는 어떤 것들을 조사라고 부르는지부터 설명한다. 예를 들면, "'은, 는, 이, 가, 을, 에게'와 같이 낱말에 붙어 있는 것들을 조사라고 해. 조사는 문장에서 그 낱말이 어떤 역할을 하는지 알려주거든. 그러니까 문장을 쓸 때 조사를 빼놓고 쓰거나 알맞지 않은 것을 쓰면 어색해져."라고 설명한다. 그런 후 느린 학습자 자신이 쓴 글이나 책 또는 자료 글에서 조사를 찾아 동그라미 표시를 하도록 한다.

조사가 무엇인지 정확히 알게 되면 그다음에는 서술어가 무엇인지도 설명한다. "서술어는 글에 나오는 사람이 어떻게 행동했는지, 어떻게 느꼈는지를 설명하는 부분이야. '걸어간다, 먹었다, 행복했다'처럼 말이야. 보통 '-다'로 끝날 때가 많아. 문장에서 '-다'로 끝나는 부분이 없으면 어떻게 행동했는지 무엇을 느꼈는지 알 수가 없으니 꼭 써줘야 해." 그런 다음 글에서 서술어에 해당하는 부분을 찾아서 표시하며 확실히 구분할 수 있도록 연습한다. 이렇게 하면 문장의 의미를 정확하게 이해할 수 있게 되고, 스스로 말하거나 글을 쓸 때도 조사와 서술어 사용을 정확하게 할 수 있다. 이러한 과정을 몇 주간 지속하면 글을 읽을 때 자연스럽게 조사를 신경 쓰게 된다.

다음 사례는 느린 학습자가 글을 읽으면서 조사에 직접 동그라미 표시를 한 것이다. 이어지는 사례도 느린 학습자가 자신이 읽은 문장에서 주어가 무엇인지, 서술어가 무엇인지 직접 찾아 적은 것이다.

> 어느 날, 빨간 모자를 바구니를 들고 할머니 댁에 가고 있었어요. 빨간 모자가 숲 입구에 도착할 때쯤이었어요.
> "빨간 모자야, 안녕! 어디를 그렇게 급히 가는 거니?"
> 커다란 늑대가 빨간 모자에게 상냥한 목소리로 물었어요.
> "엄마 심부름으로 할머니 댁에 가고 있어요. 할머니가 많이 아프시거든요."

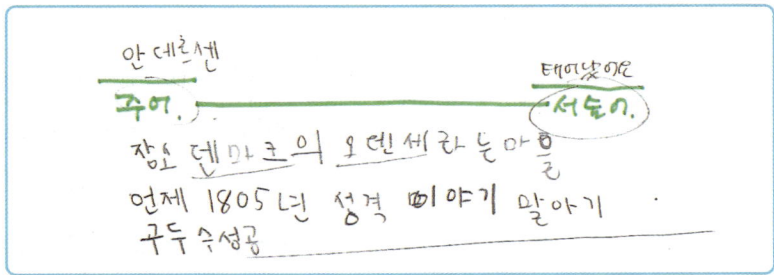

다음은 초등 4학년과 책 읽고 요약하기 수업을 했을 때 문장 비교이다. 초반에는 내용을 요약하는 문장 쓰기에서 적절한 조사를 사용하는 데 어려움을 겪었으나, 후반에는 알맞은 조사를 사용할 수 있었다.

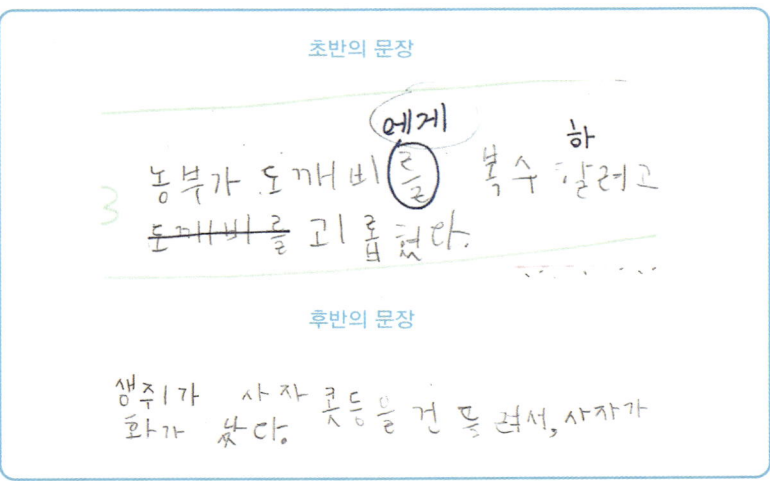

2019년 김애화, 박선희 선생님은 중학교 1~3학년 읽기 부진 학생 3명을 대상으로 한 명시적 국어문법 교수가 학생들의 문법 지식을 크게 향상시켰고 읽기 유창성 및 읽기 이해에 긍정적인 영향을 미쳤

다고 보고하였다. 직접적인 시범과 설명을 통해 품사, 어휘, 문장의 구조를 지도하였을 때 읽기 부진 중학생들의 문법 지식이 현저히 향상되었으며, 시간이 지나서도 어느 정도 유지되어 학생들의 읽기 이해력 향상에 큰 도움이 되었다는 것이다. 비슷한 결과를 보여주는 다른 연구도 있다. 중국의 초등 2학년 학생들을 대상으로 형태소 등의 문법 지식을 가르쳤을 때 글 이해력이 향상되었다는 것이다.[2] 이렇듯 읽기 이해력이 부족한 느린 학습자에게 체계적인 문법 지도가 필요하다고 것을 많은 연구자들이 인지하고 있다.

---

[2] Tong, McBride의 2017년도 연구.

문법적 지식이
충분히 발달되지 않은
느린 학습자가 혼자 힘으로
문장을 만드는 것은
매우 어려운 일이다.

말하거나 글을 쓸 때 적절하게
문법적 표현을 하지 못한다는 것은
다른 사람의 말을 들을 때나
글을 읽을 때도 문법적 지식을
활용하지 못한다는 뜻이다.
오직 몇몇 낱말을 중심으로
이해하려고 하기 때문에
문장의 실제 의미와 다른 뜻으로
잘못 해석하는 일도 생긴다.

느린
학습자가
배워야 할
문법

　느린 학습자에게 기본 문법 지식을 가르치는 목적은 모든 국어 문법 지식을 습득하도록 만드는 데 있지 않다. 주요 몇몇 문법 지식을 배움으로써 읽고 쓰고 말하고 듣고 이해하는 능력, 즉 문해력을 향상하는 데 있다. 읽거나 들었던 내용을 정확하게 이해할 수 있도록 돕기 위함이요, 쓰거나 말할 때 그 뜻을 분명하게 전달할 수 있도록 돕기 위함이다. 지나치게 문법 규칙을 강조하고 틀린 문법을 수정하고 엄격하게 따르도록 가르치고자 함이 아니다.

　배움에 어려움이 없는 또래 아이들이라면 반드시 기본 문법을 배울 필요는 없을 것이다. 물론 필요한 경우에는 가르쳐도 좋겠지만, 읽고 쓰는 데 어려움이 없는 아이들에게는 오히려 문법이 표현과 상상의 자유를 제한하는 등 도움이 되지 않을 수도 있다. 그러나 느린 학습자는 아주 기본적인 문법 지식이 내재화되지 않으면 글을 읽어도 각 낱말의 역할과 의미를 이해하지 못한다. 자기 생각을 말이나 글로 표현할 때도 어순이나 문장의 완결에 어려움을 느껴 머뭇거리는 경우가 많다. 그래서 느린 학습자에겐 필수적으로 기본 문법 지식을 가르쳐야 한다.

여기서 강조하는 기본 문법은 국어 문법 전반이 아니라 표현과 이해를 위해 꼭 필요한 문법 지식을 말한다. 지금부터 설명하는 문법 내용은 국어교육학에 입각한 것이기보다는 인지적 측면에서 이해와 표현에 관한 것임을 이해해주기 바란다. 모든 문법을 다루기에는 이 책의 분량이 제한되어 있고, 느린 학습자를 위해 꼭 필요한 일도 아니기 때문이다. 과유불급이라는 말이 있듯이, 너무 복잡하고 어렵거나, 너무 많고 상세한 내용을 가르치려다 보면 느린 학습자의 흥미와 이해를 떨어뜨릴 수 있다. 느린 학습자가 꼭 익혀야 할 몇 가지 문법을 간단히 소개하고자 한다.

주어, 서술어, 목적어

느린 학습자들은 책을 읽고 나서 내용에 관해 이야기를 나눌 때 자주 주어, 서술어, 목적어를 빠뜨리곤 한다. 예를 들어 "길에 있었어요."라고 말하거나, "우리 엄마는 진짜." 또는 "우리 누나는 잘해요."라고 말하는 식이다. 스스로 주어, 서술어, 목적어를 갖추어 표현하기 어려워한다. 그래서 "누가 길에 있었니?", "엄마가 진짜로 뭐?", "누나가 무엇을 잘하는데?"와 같이 되물어야 하는 경우가 많다. 이는 글을 쓸 때도 마찬가지이다. 주어, 서술어, 목적어를 적절하게 사용하지 못하여 온전한 문장을 쓰는 데 어려움이 있다.

주어, 서술어, 목적어 사용이 어려운 것은 생각하는 능력과 관련되어 있다. 느린 학습자의 생각은 완전하지 못할 때가 많아서, 막연하게 눈에 띄는 어떤 부분적인 특징만 주목하기 쉽다. 사람에게만 주목하거나, 물건에만 주목하거나, 행동에만 주목하느라 전체적으로 어떤 사람이 무엇을 어떻게 했는지 종합적으로 생각하지 못하는 것이다. 부분만 보기 때문에 주어, 서술어, 목적어를 정확하게 써서 전체 상황을 설명하는 것이 어렵다. 그러므로 느린 학습자들이 보거나 읽은 상황을 전체적으로 파악할 수 있도록 하기 위해서라도 주어, 서술어, 목적어를 정확하게 이해하고 사용하는 것을 가르칠 필요가 있다.

주어, 서술어, 목적어는 문장의 주성분이라고 한다. 문장을 이루는 주요 뼈대를 말하는 것이다. 주어는 문장에서 '누가'나 '무엇'에 해당하는 말이다. 어떤 행동을 하거나 상태를 말하고자 할 때 가장 중요한 요소이다. 먼저, 느린 학습자가 문장 속에서 주어를 찾을 수 있도록 지도해야 한다.

다음과 같이 간단한 문장을 주고 주어를 찾아보게 한다. 어려워하면 주어의 개념을 이해할 수 있도록 '누가'나 '무엇'에 해당하는 것이라고 도움을 주어도 좋다.

> (도둑)이 집 안으로 들어갔습니다.

서술어는 주어가 하는 행동이나 주어의 상태, 성질 따위를 설명해주는 것이고, 목적어는 서술어가 나타내는 동작이나 행위의 대상이 되는 것을 말한다. 예를 들어 '희원이는 사과를 먹었어.'라는 말에서 서술어는 '먹었어.'이며 희원이가 어떤 행동을 했는지를 설명해준다. '사과'는 목적어로서 주체인 희원이가 먹은 것이 무엇인지를 말해준다.

> 희원이는 사과를 먹었어.
> 　주어　　목적어　서술어

느린 학습자들은 앞서 말했듯이 말을 하거나 글을 쓸 때 주어, 서술어, 목적어를 정확하게 사용하지 못할 뿐 아니라 글을 읽을 때도 그 역할을 정확하게 이해하지 못한다. 따라서 느린 학습자들의 문장 이해력이 어느 정도 수준인지 파악하려면 주어, 서술어, 목적어가 포함된 문장을 적어놓고 질문해보면 된다. 적절한 답을 하지 못한다면 글을 제대로 이해하기 어려운 상태라고 볼 수 있다. 또 주어, 서술어, 목적어로만 구성된 간단한 문장에서는 잘 찾지만 꾸미는 말이 있으면 세 문장 성분을 정확하게 파악하지 못하는 느린 학습자들도 많다. 그래서 느린 학습자는 복잡한 구조의 문장에서 주어, 서술어, 목적어를 찾는 연습을 해야 한다. 마치 우리가 영어 해석을 배울 때 문장 성분 찾는 연습을 하는 것과 같다.

연습문제

주어, 목적어 서술어에 각각 밑줄을 긋고 표시하세요.

- 시청 사람들이 이곳에 놀이터를 만들었다.

- 희원이는 테이블 위에 쓰고 있던 모자를 올려놓았다.

- 농부는 삽으로 땅을 팠다.

문장부호

느린 학습자의 읽기 능력이나 쓰기 능력을 평가할 때 자주 발견하는 문제점 중의 하나는 문장부호를 잘 사용하지 못한다는 것이다. 문장부호는 '글의 뜻을 효과적으로 표현하고 문장을 이해할 때 오해가 없도록 하기 위해 사용하는 부호[3]이다. 마침표(.), 물음표(?), 느낌표(!), 쉼표(,), 큰따옴표(" "), 작은따옴표(' ') 등이 있다. 문장부호에 대한 이해나 지식이 부족하면 내용의 뉘앙스나 맥락을 이해하기 어렵다. 질문을 하는 것인지, 기분이 좋다는 것인지, 누군가에게 지시하는 것인지 잘 이해하지 못해 오해가 생기기도 한다.

느린 학습자들은 간단한 문장부호를 사용하는 것도 크게 혼란스러워한다. 마땅히 물음표를 해야 하는 상황에서 마침표를 찍는다. 질문이라는 것을 알지 못하는 것이다. 문장부호 자체를 잘 이해하지 못하니 긴 글의 곳곳에서 문장부호가 주는 느낌이나 분위기를 잘 이해하기 어렵다. 문장부호를 주의 깊게 보지 못하거나 그 뜻을 파악하지 못하면 글로 쓰이지 않은 속뜻을 파악하는 일은 더 어려울 수밖에 없다.

문장부호를 구분하여 이해하려면 먼저 문장을 구분할 수 있어야 한다. 다음 예시에는 여러 개의 문장이 띄어쓰기나 문장부호 없이 쭉 연결되어 있다. 먼저 예시를 보며 문장의 수를 헤아려 보게 한다. 띄어쓰기를 적절히 하고 마침표를 찍어보면 문장이 모두 몇 개인지 파악할 수 있다. 이를 통해 마침표가 반드시 찍혀야 한다는 것을 깨닫게 된다. 이처럼 문장의 끝에는 마침표나 물음표, 느낌표가 있다는 것을 이해시킨다. 문장의 끝에 이러한 문장부호를 넣지 않고 문장들을 죽

---

3) 한글글꼴용어사전.

이어서 쓴다면, 글을 읽는 사람이 무슨 뜻인지 알 수 없다는 것을 설명해준다.

연습문제

다음은 몇 개의 문장으로 이루어져 있을까? 문장부호를 찍어가면서 문장의 개수를 세어보자.

학교가면서개구리를보았다개구리알도보았다도대체개구리알은몇개인거야달팽이도보았다물고기도보았다무지무지많았다

느린 학습자와 함께 교과서나 책 속의 문장부호들을 찾아서 그 역할과 쓰임새를 정리하는 활동은 문장부호를 이해하는 데 도움이 된다. 각 문장에는 글을 쓰거나 말한 사람의 생각과 느낌이 담겨 있으며, 문장부호들이 그것들을 생생하게 표현되도록 만든다는 것을 알게 해야 한다.

- 그냥 말하고 싶은 것: 마침표(.)로 끝맺음을 한다.
- 물어보고 싶은 것: 물음표(?)로 끝맺음을 한다.
- 명령, 권유, 감탄하고 싶은 것: 느낌표(!)로 끝맺음을 한다.
- 부탁하고 싶은 것: 마침표(.)로 끝맺음을 한다.
- 놀란 것: 물음표(?) 또는 느낌표(!)로 끝맺음을 한다.

교과서 지문이나 짧은 지문을 그대로 옮겨 적으면서 왜 이 문장부호가 쓰였는지 이야기 나누고 다른 지문이나 글에서도 문장부호를 찾아보는 연습을 하면 좋다. 아래 자료처럼 문장 안에 들어 있는 부호를 찾아 표시하고 왜 해당 문장부호를 사용했는지 말해보는 것이다.

벌써 아침이야. 얼른 학교 가자!

세수는 했니? 어서 씻고 나와.

오늘은 쉬는 시간에 운동장에 나가서 뛰어 놀자!

친구들과 함께 축구를 하는 것은 어때?

또한 문장부호는 고유의 느낌이나 뉘앙스를 표현하는 경우가 많기 때문에 여러 가지 문장을 찾아서 느낌을 살려 읽어보는 방법도 있다. 물음표와 느낌표가 많은 대화체나 속마음을 표현하는 작은따옴표가 포함된 문장을 골라 느낌을 살려 읽는 것이다. 마치 연극하듯 재미있고 생생하게 문장부호의 역할을 익힐 수 있다.

"어떻게 나한테 이러실 수가 있어. 정희야? 내가 그동안

"너를 얼마나 도와줬는데, 왜 뒤에서 내 흉을 본 거야?"

'도대체 누구에게 들은 거지?'

홑문장과 겹문장

문장은 짜임에 따라 두 종류가 있다. 하나는 홑문장이고 다른 하나는 겹문장이다. 홑문장은 주어와 서술어가 하나씩만 있는 문장을 말하고, 겹문장은 주어와 서술어가 두 번 이상 나오는 문장을 말한다. 예를 들어 '아주머니가 채소를 파신다.'는 홑문장이고, '선희는 왔고, 진아는 갔다.'라는 문장은 겹문장이다. 보통 겹문장은 주어와 서술어가 명확하지 않고 생략된 경우가 많다. '파란 물고기는 노란 물고기 앞에서 헤엄치고, 빨간 물고기 뒤에서 헤엄친다.'라는 문장은 '빨간 물고기' 앞에 '파란 물고기는'이라는 말이 생략된 겹문장이다. 주어와 서술어가 명확히 보이지 않아서 느린 학습자들은 겹문장의 의미를 정확히 이해하기 어려워한다. 또 '우리는 아빠가 돌아오시길 기다렸다.'라는 문장도 '우리는 기다렸다'라는 문장과 '아빠가 돌아오시다.'라는 문장이 함께 있는 겹문장이다. 느린 학습자들은 이처럼 글 속에 주어와 서술어의 결합이 2개 이상인 경우에도 이해하는 데 어려움을 겪는다.

연습문제

다음 문장이 홑문장이면 '홑', 겹문장이면 '겹'이라고 쓰세요.

1. 학교에 가면서 개구리를 보았다. (   )
2. 개구리알도 보았다. (   )
3. 도대체 개구리알은 몇 개인 거야? (   )
4. 달팽이도 보았고, 물고기도 보았다. (   )
5. 무지무지 많았다. (   )

느린 학습자들이 글을 읽고 정확하게 의미를 이해하기 위해서는 홑문장과 겹문장의 차이를 이해해야 하며, 그 속에서 주어와 서술어를 스스로 찾아낼 수 있어야 한다. 주어와 서술어는 '누가 어찌했다.'라는 말이므로 문장을 이해하려면 이를 정확하게 파악할 수 있어야 한다.

연습문제

다음 겹문장에서 주어와 서술어를 찾아 주어에는 '주'라고, 서술어에는 '서'라고 적어보자.

1. 나는 중학생이고, 동생은 초등학생이다.

2. 설날 아침이 되면 우리 가족 모두 세배를 한다.

3. 사건은 10시에 일어났고, 사람들은 오후 3시에 왔다.

4. 그 꽃은 우리가 어머니 주무시는 방에 놓았다.

5. 사람들은 마을버스가 늦게 왔다고 화를 내었다.

저학년 책의 문장은 비교적 길이가 짧고 홑문장이 많으며 겹문장을 쓰더라도 별로 복잡하지 않다. 주어와 서술부의 구분도 명확해서 그 의미를 파악하는 것이 그리 어렵지 않다. 하지만 학년이 올라갈수록 교과서나 책의 문장 구조가 복잡해진다. 느린 학습자는 이렇듯 복잡하게 꼬여 있는 겹문장을 이해하기 힘들어 결국 읽기를 포기하게 된다. 느린 학습자가 책읽기에 거부감을 갖지 않도록 간단한 겹문장부터 조금 긴 겹문장까지 다양하게 읽고 이해하는 연습이 필요하다.

이어진문장과 안은문장

다음의 두 문장을 보자.

- 내가 친구의 얼굴을 바라보면서 식탁에 있는 샌드위치를 먹었다.
- 내 책상 위에는 선호가 생일선물로 준 과자가 놓여 있었다.

첫 번째는 '내가 친구의 얼굴을 바라보았다.'라는 문장과 '내가 식탁에 있는 샌드위치를 먹었다.'는 문장이 이어져 있고, 두 번째는 '내 책상 위에는 과자가 놓여 있었다.'라는 문장 안에 '선호가 생일선물로 과자를 주었다.'라는 문장이 들어 있다. 첫 번째를 이어진문장이라고 하고, 두 번째를 안은문장이라고 한다.

이어진문장은 둘 이상의 홑문장이 이어진 것이다. 원인과 결과로 이어진 문장이나 열거식으로 이어진 문장, 앞과 뒤가 서로 반대되는 내용으로 이어진 문장 등 다양한 유형이 있다. 여러 유형의 이어진문장에서 앞의 홑문장과 뒤의 홑문장이 어떤 관계인지 이해할 수 있으려면 비슷한 유형의 문장을 찾아서 그 의미를 익히는 연습이 필요하다.

〈원인-결과로 이어진 문장〉

보기: 문을 쾅 닫아서 아기가 놀랐다.

원인: 문을 쾅 닫은 것 / 결과: 아기가 놀랐다.
왜 아기가 놀랐나? 그 이유는 무엇인가? (문을 쾅 닫았기 때문에)

〈열거식으로 이어진 문장(대등하게 이어진 문장)〉

보기: 점심을 먹고 산책을 하였다.

〈서로가 반대되는 내용으로 이어진 문장〉

보기: 친구가 사과를 했지만 화가 풀리지 않았다.

느린 학습자들은 원인과 결과, 열거하듯이 말하기, 반대되는 내용으로 이어서 말하기 등에 대한 문장 지식이 부족하여 글을 읽어도 내용을 잘 이해하기가 어렵다. 차근차근 의미 관계를 설명하면서 문장으로 표현해보도록 하거나, 글 속에서 이어진문장을 찾아서 의미 관계를 설명해주는 것도 필요하다. 여러 유형의 이어진문장을 구분하려면 책에서 해당되는 문장을 골라 이해할 수 있게 풀어서 설명하고 비슷한 예시를 연습하도록 하는 것이 좋다. 그다음에는 스스로 생각해 비슷한 문형의 예시를 직접 만들어보도록 지도한다.

연습문제

다음 중 보기와 같이 원인을 알 수 있게 표현된 문장은 어느 것일까?

> 보기: 문을 쾅 닫아서 아기가 놀랐다.

1) 굴뚝에서 연기가 난다.
2) 비가 와서 도로가 더욱 막혔다.
3) 밤이 되자 길가의 불빛들이 길을 안내하였다.

다음 중 보기와 같이 앞의 내용과 뒤의 내용이 반대로 표현된 문장은 어느 것일까?

> 보기: 친구가 사과를 했지만 화가 풀리지 않았다.

1) 선수가 도착하자 사람들이 환호성을 질렀다.
2) 나는 도서관에 자주 간다.
3) 나는 일찍 일어났지만 학교에 지각하였다.

이어진문장이 어느 정도 이해되었다면 그다음엔 이어진문장을 두 개의 홑문장으로 구분하고 적절한 접속사로 연결해보는 연습을 한다. 자주 사용하는 접속사(그리고, 그래서, 그러나 등)의 역할을 구분해 설명해주고 직접 여러 문장을 만들어 넣어보면 접속사를 익히는 데도 도움이 된다.

안은문장은 글을 읽다가 안은문장이 나올 때마다 괄호( )로 묶고 주어와 서술어 표시를 하도록 지도한다. 문장의 짜임이 이어진문장보다 복잡해 보여도 이 연습을 반복하면 안은문장을 파악하고 이해할 수 있다.

안은문장 찾기

욕심쟁이 영감은 (아이들이 도망가는) 이유를 몰랐다.
        주어 서술어

높임 표현

높임 표현은 말하는 사람이 듣는 사람이나 상대방에게 그의 높고 낮음의 정도나 나이에 따라 구별하여 표현하는 방식을 말한다. 상대방이 말하는 사람보다 웃어른이거나 지위가 높으면 높임말을 쓰고, 나이가 어리거나 지위가 낮으면 예사말을 쓴다. 느린 학습자는 높임말과 예사말을 이해하고 사용하는 데 서툴 때가 많다. 생활에서 자주 사용하는 높임말은 잘 알지만, 그렇지 않은 높임말은 잘 알지 못한다. 어쩌면 당연한 말처럼 느껴질 수도 있겠다. 하지만 또래 아이들은 자주 사용하지 않는 높임말이 글에 포함되었을 때 그 뜻을 알며, 적절한 맥락에서 높임말을 사용할 줄 안다. 높임말이나 예사말을 적절히 사용하려면 맥락을 이해하는 과정이 필요하므로 느린 학습자가 대화 주체들의 상호관계를 파악하기도 해야 한다. 한편 느린 학습자는 기본 어휘력이 부족하고 비슷한 말과 반대말을 잘 알지 못하는데, 그중에서도 비슷한 말에 관한 지식이 매우 부족하다. 어찌 보면 높임말과 예사말도 일종의 비슷한 말로서 특정 낱말의 확장된 형태로 사용되는 말들이다. 예를 들어 밥과 진지는 비슷한 말이면서 동시에 높임말과 예사말이기 때문이다.

느린 학습자들에게 높임 표현을 가르칠 때는 우선적으로 학생이 알고 있는 낱말을 먼저 떠올린 다음 비슷한 말로서 높임말을 가르치면 된다. 높임말은 앞뒤 맥락을 기초로 적절하게 사용되어야 함을 이해하는 것이 필요하다.

밥 :: 식사 :: 진지 :: 수라

밥: 예사말

식사: 격식 있게 동료끼리 사용

진지: 나이 많은 웃어른

수라: 왕의 밥상

높임 표현에는 낱말 자체가 높임말을 나타내는 경우도 있지만 서술어 어미를 변형하는 경우도 있기 때문에 어미를 다르게 써야 하는 경우는 다양한 예를 들어서 설명할 필요가 있다.

1. 동생이 방 안으로 온다.

2. 할아버지께서 방 안으로 오신다.

시간 표현

느린 학습자들은 문장 안에서 과거와 현재, 미래 구분을 분명히 이해하기 어려워한다. 지나간 시간, 현재, 아직 오지 않은 시간을 구분하여 이해하지 못하는 것이다. 대부분 시간을 나타내는 문장들은 '어제, 3시간 전, 내가 어렸을 때'와 같이 명확한 시기를 지칭하는 낱말로 분명하게 표현할 때도 있지만, 관련된 부사 '이미, 벌써, 지금, 언젠가' 등과 함께 서술어의 어미 '~할 것이다. ~했었다.' 등으로 표현되는 경우도 많다.

　느린 학습자는 읽을 때 시간과 관련된 부사나 시제를 나타내는 어미변화를 눈여겨보지 않아서 '어느 때'인지 파악하지 못하는 경향이 있다. 이들 부사나 어미의 변화는 글의 맥락을 알려주는 중요한 단서가 되기 때문에 한 번은 꼭 짚어주고 넘어갈 필요가 있다. 시간을 나타내는 부사에는 어떤 것들이 있는지, 시간의 맥락은 어미변화를 어떻게 보여주는지를 문장으로 분명하게 설명해주어야 한다.

- 시간을 나타내는 부사: 이미, 벌써, 어제, 작년, 어렸을 때, 올해, 요즘, 지금, 내일, 내년, 다음에, 먼 훗날 등

- 시간을 나타내는 어미
  1) 과거, 지나간 시간: ~했었다. ~었다.
  2) 지금, 현재: ~한다.
  3) 미래, 아직 오지 않은 시간: ~할 것이다.

연습문제

시간 표현에 맞게 밑줄 친 부분을 고쳐보세요.

1. 수연이는 지난 주에 청소당번을 <u>할 것이다</u>.
2. 다음 주에 우리가족은 캠핑을 <u>갔었다</u>.
3. 내 동생은 요즈음 우유를 <u>마셨다</u>.

지금까지 느린 학습자들에게 가르치면 좋은 기본 문법 지식을 간단히 살펴보았다. 기본 문법 지식은 책에 담긴 여러 문장을 이해하고 그 문장이 말하고자 하는 여러 가지 맥락(시간, 장소, 감정 등)을 이해하게 해준다. 특히 문장부호는 문장에 담긴 감정을 이해하게 도와주며, 높임말이나 시간을 나타내는 어미는 인물이나 사건의 관계, 시간적 배경과 같은 맥락을 이해하는 데 도움이 된다. 기본 문법은 그저 외워야 할 지식이 아니다. 글의 의미를 이해하는 데 중요한 단서로 이용될 수 있다는 점을 명심하여 느린 학습자가 잘 익히도록 도와야 할 것이다.

보통 가정이나 학교에서는 느린 학습자에게 문법적 지식처럼 어렵고 딱딱한 것을 꼭 가르쳐야 하는지 의문을 갖기도 하고, 과연 느린 학습자가 제대로 이해할 수 있을지 염려하기도 한다. 또 가르치는 입장에서는 스스로 문법적 지식에 자신이 없는 상태에서 느린 학습자를 가르쳐야 하는 것에 부담을 느끼는 경우도 있을 것이다. 하지만 국어 문법 전체를 가르치는 것이 아니므로 가볍게 생각하면 좋겠다. 그저 하나의 문장을 만드는 데 필요한 요소(조사, 서술어, 낱말, 문장부호 등)만 가르치면 된다. 이들이 문장의 의미를 만들기 때문이다. 쉽게 설명해주면 느린 학습자들도 기본적인 문법 정도는 충분히 알아듣는다. 그리고 글을 읽을 때 적극적으로 이를 활용한다.

보통 무엇을 가르쳐야 할 때, 좋은 학습지나 교재를 골라 차근차근 빠짐없이 가르쳐야 한다고 생각하는 경우가 많은데, 절대 그럴 필요가 없다. 이 책에서 다룬 내용 정도만 가르쳐도 충분하다. 학습지에 있는 세세한 문법들은 느린 학습자의 문해력이 향상된 다음에 배워도 늦지 않다.

문법이란 주춧돌과 같은 것이다. 간단한 문법적 지식으로 글 이해를 위한 기초를 만들어 보았으면 한다.

느린 학습자에게 문법은
외워야 할 딱딱한 지식이 아니라
여러 문장을 이해하고
그 문장이 말하고자 하는 맥락을
이해하게 해주는 유용한 도구이다.

주어, 서술어, 목적어와 조사,
문장부호와 문장 구조 등
느린 학습자도 기초 문법을
이해하고 익힐 수 있다.

Part 4.

글 읽기를 위한 추리력 기르기

추리력은 읽는 과정에서 자신의 지식과 경험을 연결 지어 생각하게 하고, 빠진 정보를 유추하거나 문장의 속뜻을 파악하게도 하며, 다른 사람의 입장에서 생각하게 도와주기도 한다.

추리로
알 수
있는 것

글 읽기 이해에서는 '추리'라는 말보다는 '추론'이라는 말을 더 자주 사용한다. 이치적으로 생각하여 논리적으로 알아내는 것을 의미하기 때문이다. 하지만 실생활에서는 추론이라는 말은 왠지 어렵고 추리라는 말이 더 친숙하다. 그래서 여기서는 비슷한 의미를 가진 '추론'과 '추리'라는 말 중에서 '추리'라는 말을 사용하고자 한다. 사전에 따르면 둘 다 어떠한 판단을 근거로 삼아 다른 판단을 이끌어 낸다는 뜻이며, 둘 다 영어로 'inference'로 번역된다. 이 책에서는 학문적으로 어떤 용어가 맞는가 중점을 두기보다는 일상적으로 자주 사용되는 용어를 쓰는 것이 이해하기 쉽다고 생각했음을 안내해 둔다.

글 읽기 이해 과정에서 추리는 매우 중요한 역할을 한다. 추리는 글에서 직접 언급하지 않은 내용을 생각하거나 빠진 부분을 알아내고자 할 때 사용되는 능력이기 때문이다. 글이나 책을 쓰는 작가들은 자신들의 생각을 직접적으로 드러내기도 하지만 전체적인 상황만 제시할 뿐 일일이 이야기하지 않는 경우도 많다. 그래서 글이나 책을 읽을 때 직접적으로 쓰인 낱말의 뜻뿐만 아니라 낱말이나 문장의 이면에 숨겨진 뜻을 알아챌 수 있어야 한다. 예를 들면 '선생님이 "너 참 글씨 예쁘게 썼구나."라고 말했다.'라는 문장에서 겉으로 드러난 뜻은 칭찬이다. 그런데 만약 글씨를 못나게 쓰는 학생에게 이 말을 했다면 그때는 '글씨를 좀 더 예쁘게 쓰라.'는 의미를 담은 것이 된다.

느린 학습자들은 글을 읽을 때 겉으로 표현된 낱말이나 문장의 의미는 이해하지만, 속뜻이 드러나지 않은 경우엔 그 의미를 잘 이해하지 못한다. 그래서 속담을 이해하는 것도 쉽지 않을 때가 많다. 예를 들어 '발 없는 말이 천리 간다'라는 속담을 처음 접하면 진짜 말이 발 없이도 잘 달리는 것으로 이해하는 식이다. 느린 학습자가 글을 제대로 읽고 그 속뜻까지 제대로 이해하려면 글 읽기에서 요구되는 추리력을 길러야 한다.

느린 학습자의 글 읽기에서 추리력은 자신의 지식이나 경험을 글이나 문장과 적극적으로 연결 짓는 과정이다. 글을 읽으면서 자신이 알고 있거나 경험한 것을 열심히 떠올림으로써 글의 내용을 이해하려고 노력하는 과정인 것이다. 이러한 과정은 학생들이 한글을 제대로 익히고 난 후에야 발달하게 되며, 다양한 낱말의 뜻을 알고 있는 초등 고학년 시기에 활발하게 길러지는 능력이라고 한다. 문자를 정확하게 읽지 못하면 문자 해독에 애를 많이 쓰게 되어 글의 의미를 이해할 여력이 없게 되고, 그러다 보면 다 읽고 나서도 무슨 내용인지 파악할 수 없게 된다. 그러므로 글 읽기 이해를 위해 원활하게 추리력을 사용하려면 선행적으로 한글 읽기 유창성이 발달하고, 연령에 적합한 어휘력을 갖추어야 한다.

빠진 정보의 추리

빠진 정보의 추리gap-filling inference는 글에서 표면적으로 표현되지 않은 정보에 대하여 글을 읽는 사람이 자기가 아는 지식을 사용하여 통합적으로 추리하는 것을 말한다. 예를 들어, '어머니는 저녁 식사를 위해 고기와 채소를 샀다. 그리고 내일 먹을 우유도 하나 샀다.'라는 문장을 읽고, 어머니가 있는 곳이 마트라는 사실을 알아차리는 것이다. 글에서는 어머니가 마트에 있다는 사실을 직접적으로 써 놓지 않았지만, 내용을 근거로 보아 추리할 수 있어야 한다.

빠진 정보의 추리는 느린 학습자들에게 매우 어렵다. 수준 높은 독자는 글쓴이가 직접 말하지 않은 것을 척척 이해한다. 빠진 정보를 추리할 수 있다면 느린 학습자들도 수준 높은 독자가 되어 글을 읽고 이해하는 능력이 한층 높아질 것이다. 그렇다면 느린 학습자들에게 빠진 정보를 어떻게 추리할 수 있도록 가르칠 것인가.

낱말의 모음을 통해 추리하기

느린 학습자들이 빠진 정보를 추리할 수 있도록 돕는 방법으로 '낱말의 모음을 통해 추리하기'가 있다. 낱말의 모음이란 현재 읽고 있는 문장에 포함된 낱말들만을 따로 모아서 생각해보는 것이다. 화이트보드나 종이에 낱말의 모음을 적어보면서 추리하기를 연습하면 된다. 아래의 예시를 보면서 연습해보자.

> 어머니는 저녁식사를 위해 고기와 채소를 샀다. 그리고 내일 먹을 우유도 하나 샀다.

이 문장에서 낱말의 모음은 '어머니, 저녁식사, 고기, 채소, 우유'이다. 이들 낱말 모음을 따로 적어놓고 생각해보는 것이다. 이때 필요하다면 괄호로 묶어주어도 좋다.

어머니, 저녁식사, (고기, 채소, 우유)

그런 후 느린 학습자들에게 자신의 경험을 떠올려보도록 이끈다.

고기, 야채, 우유를 살 수 있는 곳이 어디일까?

이러한 과정을 거치며 느린 학습자는 '마트'를 떠올릴 수 있고, 어머니가 있는 곳이 마트라는 사실을 추리할 수 있게 된다. 아래의 문장들을 가지고 좀 더 연습해보자.

> 소녀는 수영복을 꺼내 입었지만, 물이 너무 차가워 들어가지 못하고, 모래성 쌓기를 하였다.

낱말 모음: 소녀, 수영복, 차가운 물, 모래성 쌓기
소녀가 있는 곳은 어디인가? _____

> 서영이는 커다란 여행 가방을 끌고 공항 안으로 들어갔다. 많은 사람들로 붐볐다. 비행기를 타기 위해 얼른 안으로 들어가야겠다고 생각했다.

낱말 모음: 여행 가방, 공항, 비행기
서영이는 왜 공항에 갔을까? _____

주요 낱말들을 따로 모아 정리한 다음 생각해보는 연습은 문장

속에 들어 있는 낱말들로 생각하는 것보다 부담이 적다. 따로 정리한 낱말 모음(여행가방, 공항, 비행기)을 가지고 주제나 범주(여행, 출발 등)를 생각해보는 것도 쉽게 추리하는 데 도움이 된다.

> 소녀는 수영복을 꺼내 입었지만, 물이 너무 차가워 들어가지 못하고, 모래성 쌓기를 하였다.

어느 정도 익숙해진 후에는 따로 낱말 모음을 만들지 않고 형광펜이나 색연필을 이용하여 색칠(하이라이팅)한 다음 정보를 추리하는 연습을 할 수도 있다. 하이라이팅은 흔히 중요한 문장을 색칠하여 눈에 띄게 표시하는 것을 말하지만 여기서는 문장이 아니라 주요 낱말에 표시하여 낱말 모음을 대신하는 것이다.

빈칸 안에 들어갈 낱말 추리하기

국어 학습지를 보면 자주 등장하는 문제 유형 중 하나가 '(   ) 안에 들어갈 낱말을 찾아 쓰기'이다. 빈칸에 들어갈 낱말을 추리하는 문제는 매우 어려울 수도 있다. 단순히 낱말들의 상위범주나 주제를 생각해야 하는 것이 아니라, 독자가 글이나 문장과 관련된 지식을 떠올릴 수 있어야 하기 때문이다. 어휘 지식이나 경험을 생각해보도록 요구하는 것뿐만 아니라, 자신이 가진 '지식'을 묻는 문제일 수도 있다.

예를 들어, '세종대왕은 집현전 학자들과 (   )을 언제 반포할 것
인지를 의논했다.'라는 문장의 괄호 안에는 '훈민정음'이라는 낱말이
들어가야 한다. 이때는 단순히 앞에서 배운 낱말 모음 전략만 가지고
추리하는 것은 불가능하다. 글을 읽는 사람이 '훈민정음'에 대한 사전
지식을 가지고 있어야 하기 때문이다.

> 세종대왕은 집현전 학자들과 (   )을 언제 반포할 것인지를 의
> 논했다.
> (   ) 안에 들어갈 것은?

낱말 모음: 세종대왕, 집현전, 학자, 반포
사전지식 또는 배경지식을 묻는 질문:
- 세종대왕을 들어본 적이 있나?
- 세종대왕과 집현전 학자들은 어떤 일을 하였나?
- '반포'는 어떤 뜻인가?

느린 학습자가 빈칸 안에 들어갈 낱말을 추리하는 문제를 풀도록
하기 위해서는 단순히 낱말 모음 만들기만 해서는 안 되고, 관련 지식
을 충분히 알고 있는지 확인하는 과정이 필요하다. 만약 관련 지식이
부족하다면, 선행적으로 시청각 자료 등을 활용해 느린 학습자가 배울
수 있도록 돕는다. 이때는 빈칸 채우기가 중요한 것이 아니라 관련 배
경정보나 지식이 없음을 인식하고 개선하는 노력이 먼저다.

또한 빈칸을 채우는 활동을 할 때는 먼저 글을 읽은 후 거기 나온

지식을 다시 한번 정리해보며 이해하는 것이 좋다. 새로 알게 된 사실에 대하여 중요한 낱말 모음을 만들고, 그 낱말과 관련된 지식을 정리해보며 이해하도록 한다. 그러고 나면 빠진 정보를 빈칸에 적어 넣는 것이 좀 더 쉬워진다. 빈칸 채우기는 다양한 경험과 지식을 가진 학생들에게는 비교적 쉬운 과제이지만 느린 학습자에게는 어려운 과제일 수 있다. 글을 읽고 자신의 경험이나 글을 통해 배운 지식, 지금 읽은 글에서 중요하다고 생각되는 낱말 모음을 다시 한번 정리하는 과정이 필요하다.

공감적
읽기

우리가 책을 읽는 이유는 다양하다. 새로운 지식을 배우거나 저자의 경험과 통찰력을 통해 견문과 시야를 넓히고자 하는 점도 있지만 가장 큰 이유는 '공감'에 있다고 생각한다. 저자의 글에 감동하고 글 속에 펼쳐진 등장인물들의 다양한 삶과 감정에 공감하다 보면 어느덧 우리의 인생도 긍정적인 영향을 받게 된다.

그런데 안타깝게도 느린 학습자는 책을 읽고 잘 공감하지 못하는 경우가 많다. 등장인물이 어떤 감정을 느끼는지, 어떤 생각을 하는지 추리(생각)하고 이해하는 것이 그리 쉽지 않기 때문이다. 사실 이들의 공감력은 일상의 대화에서도 나타난다. 모든 느린 학습자가 그러한 것은 아니지만 타인에 대한 일종의 이해능력 또는 추리능력이라고 할

수 있는 조망수용능력Perspective-taking ability이 부족한 편이다. 조망수용
능력이란 타인의 입장에서 생각하고 이해하고 느끼는 능력을 말한다.
쉽게 말해 타인의 입장에 서보는 능력이다.

사실 생각해보면 느린 학습자들은 타인의 입장뿐 아니라 자기 감
정이나 생각을 스스로 이해하는 능력도 부족한 편이다. 분명 화가 났
는데 왜 화가 났는지를 이해하거나 설명하지 못한다. 잘못했을 때도
죄송하다는 말 외에 별다른 말을 하지 않아 진심으로 반성하지 않는
다고 오해를 사기도 한다. 하지만 느린 학습자들은 스스로 느끼는 감
정이 너무 모호해서 분명히 이해하지 못하는 경우가 많다. 그렇다 보
니 책에 담긴 감정이나 느낌을 이해하고 공감하기 매우 어려운 것이
다. 공감하는 능력은 인생에 꼭 필요한 능력이다. 사랑하는 사람들 속
에서 행복감을 느끼며 안전하게 살아가기 위해서는 공감적 추리 또는
공감적 이해가 반드시 필요하다.

그렇다면 일상에서도 공감적 추리능력이 부족한 느린 학습자들
에게 읽기에서의 공감 능력을 어떻게 가르칠 수 있을까? 사실 어떻
게 공감을 가르칠 것인가에 앞서 왜 우리가 느린 학습자들에게 책이
나 글을 통해 공감 능력을 가르치고자 하는지 생각해보아야 한다. 느
린 학습자가 책 속 등장인물의 느낌이나 생각을 읽고 관찰하면 타인
의 감정과 자기 감정을 객관적으로 들여다보는 경험을 할 수 있다. 책
과 글 속의 다양한 감정과 느낌을 이해하고 일상에서 자신이 느낀 감

정과 연결 짓게 된다면 단순히 책을 이해하는 능력뿐만 아니라 감정을 이해하는 능력도 향상될 것이다. 자기 감정을 잘 이해하면 타인의 감정을 더 잘 이해하게 되고 타인과 상호작용을 원활히 할 수 있다.

공감적 읽기에 적합한 책 선택하기

공감능력을 키우는 책읽기를 위해서는 책의 선정이 중요하다. 다양한 감정을 다루면서 느린 학습자의 연령에 적합한 내용을 담은 책이어야 한다. 정보 위주의 책이나 과장되고 우스꽝스러운 동작이 담긴 그림이 있는 책보다는 담백하고 따뜻한 정서의 동화책이나 짧은 소설책이 좋다. 동시나 일기, 기행문이나 여행기, 일상생활에 관한 이야기가 담긴 블로그의 글 등도 괜찮다. 또래의 친구들이 쓴 일기나 책을 읽으면 또래가 많이 사용하는 감정 어휘를 접할 수 있다.

- 짧은 소설책
- 동시
- 일기
- 기행문이나 여행기
- 일상적인 내용을 담은 블로그 글

또한 느린 학습자의 일상생활과 비슷하고 친숙한 내용이 담긴 글이나 책을 선택하도록 한다. 학교생활, 또래 관계, 가족 관계를 다룬 책들이다. 모험이나 탐험, 호기심 가득한 책을 선택해도 좋다. 평소 연예인이나 직업 등 특정 분야에 관심이 높은 느린 학습자라면 그와 관련된 책을 고를 수도 있다. 중요한 것은 친숙하고 관심과 흥미가 있는 내용의 글이나 책을 통해 공감적 읽기 지도를 해야 한다는 점이다.

- 학교생활
- 또래 관계
- 가족 관계
- 직업적 경험담
- 모험과 탐구 등

감정단어 목록 만들기

공감적 읽기는 글이나 책을 읽으면서 글쓴이나 등장인물의 마음을 이해하고 느껴보는 것이라고 하였다. 이때 작가 또는 인물들의 마음이 글에 직접 드러나 있기도 하지만, 그렇지 않을 수도 있다. 공감적 읽기 활동에서는 그들의 마음이 어떤 상태일지 글 속에서 찾아보도록 하거나 글 앞뒤를 읽어보면서 추리한다. 그리고 가장 적절한 감정단어를 선택하여 작가 또는 인물들의 마음을 설명한다.

그러려면 먼저 감정을 나타내는 다양한 단어들을 알고 있어야 한다. '아쉽다' '무섭다' '속상하다' '화가 났다' '섭섭하다' 등을 미리 알고 있어야 글 속의 감정을 공감하는 데 사용할 수 있다. 평소 감정단어를 자주 사용하지 않았던 느린 학습자들을 위해 책 읽기를 하는 동안 사용할 수 있는 감정단어의 목록들을 구조화하여 먼저 공부하도록 한다.

- 각 감정단어들은 어떤 뜻을 담고 있는가?
- 어떨 때 그와 같은 감정단어들을 사용할 수 있을까?
- 이미 알고 있는 감정단어는 무엇이고, 몰랐던 감정단어는 무엇인가?

<감정단어 목록의 예시>

고마운, 실망한, 긴장되는, 불안한, 쓸쓸한, 외로운, 자랑스러운, 초조한, 조바심이 나는, 기쁜, 지친, 든든한, 감동한, 어리둥절한, 지겨운, 통쾌한, 편안한, 따뜻한, 짜증 나는, 행복한, 죄책감이 드는, 미안한, 뿌듯한, 후련한, 기운이 나는, 반가운, 아쉬운, 귀찮은

감정단어의 다양한 예시는 인터넷 검색으로도 쉽게 찾아볼 수 있으므로, 각자의 상황과 편의에 맞게 목록을 만들어보도록 한다. 감정단어의 목록을 만들 때는 되도록 느린 학습자의 상황과 생활에서 자주 쓸 만한 것들을 골라서 맞춤형으로 만드는 것이 도움이 된다. 예를 들어 자주 화를 내는 느린 학습자에게는 '속상한' '야속한' '쓸쓸한'

등의 감정단어를 익히게 하여 단순히 '화가 난다'는 표현 대신 자기가 겪는 감정을 다양하게 표현할 수 있도록 한다. 그렇게 되면 자신의 감정을 다양하게 분화해서 이해할 수 있고, 책이나 글에서 자신의 경험과 비슷한 상황을 만나면 더 잘 공감할 수 있을 것이다. 예를 들어 "친구가 내 생일초대를 거절했을 때 내가 느끼는 감정이 어떤 것일까?"라는 질문에 느린 학습자가 "속상해요."라고 대답한다면, "속상한 것 말고 또 어떤 기분이 들까?"라고 질문하여 또 다른 감정을 표현할 수 있게 해본다. 그러면 느린 학습자는 아쉽거나 밉거나 친구에게 서운한 마음 등 여러 감정을 느끼고 그중 자기 기분과 가장 가까운 것이 무엇인지 찾게 된다. 이 과정에서 '속상하다' 단 한 가지로 표현되던 감정이 다양하게 분화되어 표현될 수 있다는 것을 깨닫게 되고 솔직한 자기 감정이 무엇인지 이해할 수 있는 것이다.

복잡한 마음 이해하기

사실 사람들의 마음은 하나의 감정단어로 표현되기 어려운 경우가 많다. 여러 감정이 섞인 경우에는 앞서 배운 감정단어를 이용하여 2개 이상의 단어로 표현해본다. 예를 들어, 평소 사이가 좋지 않았던 어린 동생을 길에서 잃어버린 내용의 그림책이라면, 등장인물인 형은 동생을 향해 얄미운 마음과 걱정되는 마음을 동시에 느낄 수 있다. 그럴 때 감정단어로는 이렇게 표현 가능하다.

- 평소 엄마가 동생만 예뻐하는 것 같아서 미웠던 동생이 길을 잃어 찾을 수 없었다.
  : 얄밉기도 하지만 걱정이 되는

- 달리기 연습을 열심히 했지만 2등을 하였다
  : (2등 해서) 뿌듯하지만 (1등을 못 해서) 아쉬운

복잡한 감정은 사실 말로만 해서는 잘 이해하기 어렵다. 시각화해서 감정을 선택한다면 좀 더 잘 이해될 것이다. 감정의 주인공을 그림으로 표현하고 주위에 여러 감정을 표현하는 낱말들을 적은 뒤 그 주인공이 느꼈을 감정을 표시해보게 하자. 인간이 한 번에 한 감정만 느끼는 것이 아니라 동시에 여러 감정을 느낄 수 있음을 한눈에 확인할 수 있다.

공감구절 찾기

읽다가 마음에 들거나 계속 생각 나는 공감구절은 사람마다 다 다르다. 어떤 사람은 등장인물이 고생을 이겨내고 행복해지는 부분이 마음에 들었을 수도 있고, 또 어떤 사람들은 친구들에게 왕따를 당했던 부분이 계속 마음에 남았을 수도 있다. 이처럼 읽은 사람의 마음을 울렸던 어떤 부분을 찾아보도록 하는 것이 '공감구절 찾기'이다. 공감구절은 형광펜으로 강조 표시를 하거나 따로 카드를 만들어서 옮겨 적을 수도 있다. 공감구절 카드 앞면에는 구절을 옮겨 적고, 뒷면에는 그 이유를 적는 식이다.

앞면	뒷면
〈공감구절〉 그동안 나를 괴롭혔던 윤서가 교통사고를 당해 학교에 나오지 못한다니까 기분이 이상했다.	〈이유〉 괴롭힐 때는 미운 마음이었지만 윤서가 많이 아픈 것 같아서 걱정되었기 때문이다. 우리 형이 교통사고 당했을 때 많이 아파하는 모습이 떠올랐다.

느린 학습자가 공감구절 찾기를 할 때는 스스로 어떤 구절을 선택할지 어려워할 수 있다. 이럴 때는 공감구절의 유형 몇 가지를 알려 주고 거기에 맞춰 찾아보게 한다.

- 나에게 용기를 주는 구절
- 내 마음과 똑같은 구절
- 보기만 해도 화가 나는 구절
- 너무너무 재미있는 구절
- 너무너무 슬픈 구절
- 너무너무 무서운 구절

타인의 입장에서 생각해보기

다른 사람의 입장에서 생각해보는 것을 역지사지 易地思之 라고도 하고, 조망수용능력이라고도 한다. 이는 날 때부터 갖고 태어나는 능력이 아니다. 적어도 생후 1~2년이 지나 부모나 주변 환경과 활발하게 상호작용하는 동안 조금씩 발달하다가, 유아기에 본격적으로 성장한다. 아동심리학자인 셀만 R. Selman 은 타인의 입장을 제대로 이해할 수 있는 시기를 8~10세 정도라고 보았다. 이 시기를 '자기반성적 조망수용'이 가능한 시기라고 하는데, 보통 초등학교 저학년 시기와 일치한다.

초등학교 1~3학년 정도가 되면 다른 사람들이 어떻게 느끼고 생각하는지 이해할 수 있고 다른 사람들이 나를 어떻게 생각하는지도 알 수 있게 된다고 한다. 물론 느린 학습자들은 아직 그러하지 못하지만 말이다. 사실 초등 저학년 때는 아직 종합적으로 사고하는 능력이 발달하지 않아서 나의 감정과 타인의 감정을 동시에 고려하기는 어렵다. 완전히 제3자가 되어 나와 상대방의 입장을 객관적으로 생각할 수 있게 되는 시기는 초등학교 고학년 정도라는 것이다. 타인의 입장과 나의 입장에서 동시에 생각하는 능력은 공감적 읽기에서 가장 중요한 부분이다. 그래야 글 속 인물들의 감정이나 생각을 이해하면서 내용에 몰입하여 즐길 수 있기 때문이다.

안타깝게도 느린 학습자들은 초등학교 시기뿐만 아니라 중학생이 되어서도 다른 사람이 나를 어떻게 보는지에 대한 이해가 발달되지 않은 경우도 많다. 셀만이 제안한 조망수용능력의 근거로 살펴보면 느린 학습자의 조망수용 수준은 8세 이전 단계라고 할 수 있다. 그래서 공감적 읽기 활동을 통해 느린 학습자들의 조망수용능력이 초등학교 수준으로 발달하도록 도와야 한다.

책 읽기에서 조망수용능력은 등장인물의 입장이나 처지가 되어 생각해보는 것이다. 등장인물이 된 것처럼 실감 나게 낭독하거나 간단한 소품을 활용해 역할놀이를 하면 감정을 이해하는 데 도움이 될 뿐 아니라 책 읽기의 흥미도 높일 수 있다. 함께 책을 읽는 사람이 여러 명이라면 각자 역할을 나누어 낭독한 뒤 왜 그러한 목소리 톤으로 읽었는지 이야기를 나누거나 서로 역할을 바꾸어 다양하게 낭독하는 활동을 해도 좋다.

셀만의 조망수용능력 발달단계[4]

단계	특징
0. 자기중심적이거나 미분화된 관점 (약 3~6세)	이 시기에는 같은 것을 보고도 나와 다른 사람들이 서로 다르게 생각하고 느낄 수 있다는 것을 아직 이해하지 못한다.
1. 사회 정보적 조망수용 단계 (약 6~8세)	다른 사람들이 내가 생각한 것과 다르게 생각할 수 있다는 것을 어렴풋이 알지만 정확하게 어떻게 다른지를 깨닫지 못한다. 그래서 다른 사람들이 어떻게 행동할지 예측하지 못한다.
2. 자기 반성적 조망수용 단계 (약 8~10세)	타인의 입장을 헤아리고 공감할 수 있다. 또한 타인이 어떤 반응을 나타낼지 예측할 수 있게 된다. 하지만 양쪽의 마음을 동시에 고려하지 못한다. 만일 내가 너무 화가 났다면, 상대방의 마음을 알더라도 동시에 고려하기는 어렵다.
3. 상호적 조망수용 단계 (만 10~12세)	제3자의 입장에서 나와 타인의 입장을 동시에 바라볼 수 있게 된다. 또한 어떤 행동을 하기 전에 자기에게 유리한 쪽으로 미리 생각해 볼 수 있다.
4. 사회 관습적 조망수용 단계 (만 12~15세)	자기 자신뿐 아니라 다른 사람들도 사회적 규범에 따라 행동하고 있다고 기대한다.

다른 사람의 생각을 이해할 수 있는 능력을 기르기 위해 역할을

---

[4] 최순영, 김수정 편(1995). 『인간의 사회적 성격적 발달』, 학지사.

나눠 읽기를 해보았다면, 느린 학습자들과 간단한 글쓰기를 해보는 것도 좋다. 공감적 읽기 활동을 끝마치기 전에 등장인물들을 어떻게 생각했는지, 어떤 마음으로 바라보았는지 간단하게 글로 적어보면서 정리하는 것이 도움이 된다.

경험과
연결하기

앞에서도 언급했듯이 글을 읽을 때 우리는 자신의 경험을 근거로 글이나 책의 내용을 추리하게 된다. 각자의 경험과 글의 내용을 적극적으로 연결하는 과정이 일어나는 것이다. 실생활에서 다양한 상황을 겪고 보고 들은 경험이 풍부할수록 이러한 연결은 활발히 이루어진다. 만약 읽는 사람이 어떤 장면이나 내용을 보고 자신의 경험과 연결 짓거나 상상할 수 없다면 읽기의 흥미도 떨어지고 글의 내용도 정확히 이해하기 힘들어질 것이다.

느린 학습자들은 머릿속에 저장된 경험이나 지식을 바로바로 꺼내어 사용하는 데 어려움이 많다. 장기기억 속에서 정보를 인출하는 능력이 부족하기 때문이다. 스스로 자신의 경험을 인출하기 어렵다 보니 글을 읽어도 막연하고 재미가 없게 느껴진다. 이들이 좀 더 쉽게 경험을 꺼낼 수 있도록 도움을 주어야 한다.

촉진으로서의 질문

촉진prompt은 느린 학습자들이 정보를 쉽게 인출할 수 있도록 곁에서 즉시적으로 돕는 행위를 하는 것이다. 촉진을 위해 말로 힌트를 줄 수도 있고, 행동이나 몸짓으로 힌트를 줄 수도 있다. 몸짓을 단서를 주는 것은 '동작 촉진', 똑같이 따라할 예시를 들어주는 것은 '모델링 촉진', 말로 설명하거나 단서를 주는 것은 '언어 촉진'이라고 한다.

글을 읽어도 자기 경험이나 지식을 쉽게 떠올리기 힘든 느린 학습자 옆에서 함께 글을 읽으며 적절한 수준으로 이들을 촉진할 수 있어야 한다. 느린 학습자에게 던지는 여러 질문은 촉진으로서 중요한 역할을 한다. 이들을 자극하여 관련 경험을 떠올리게도 하고, 어떻게 대합해야 하는 예시를 보여주기도 한다. 예를 들어, '동생은 역시 얄미웠다.'라는 문장을 읽고, "동생이 미웠던 적이 있었니?"라고 질문하거나, "저는 동생이 없어서 그런 적 없는데요."라고 대답하는 학생에게 "그렇다면, 너에게 이런 동생이 있으면 어떨 것 같아? 귀여워서 잘해줄 것 같아? 아니면 주인공처럼 얄미울 것 같아?"라고 질문함으로써 단답형으로 끝내려는 느린 학습자들의 반응을 확장시키거나 연장시킬 수 있다. 느린 학습자들은 평소에도 '모른다'거나 '생각하기 싫다'라는 말을 자주 하기 때문에 경험을 떠올리거나 자기 의견을 말하는 것을 좋아하지 않을 수 있다. 따라서 이들을 촉진하기 위한 질문의 역할이 중요하다.

촉진 질문은 단순히 어떤 정보나 경험을 떠올리는 질문보다는 구체적인 형태여야 한다. 예를 들어 느린 학습자에게는 "동생이 미웠던 적이 있었니?"라는 질문보다는 "책에 나오는 동생은 형이 싫다고 하는데도 따라다니고, 밀지도 않았는데도 넘어져서 엄마에게 형을 혼나게 만들고 그러네. 너의 동생도 책에 나오는 동생처럼 너를 귀찮게 한 적이 있니?"라고 질문하는 것이 더 적합하다.

간단한 질문	촉진적 질문/구체적 질문
• 이 책에서 가장 기억에 남는 장면은 무엇이니? • 너도 ~한 적이 있니? • 주인공 ㅇㅇ는 어떤 아이일까? • 가장 마음에 드는 인물은 누구니? • 무엇을 느꼈니? • ~에게 하고 싶은 말은 무엇이니?	• 동생은 ~하게 행동했고, 또 ~하게 행동했는데, 네가 만일 형이라면 어땠을 것 같아? • 주인공 ㅇㅇ는 어떤 아이일까? 착하고 예의바른 아이일까? 아니면 생각이 많은 아이? 아니면 다르게 말할 수 있는 부분이 있을까? • 동생을 잃어버렸을 때 형이 몹시 걱정했던 것 같아. 너도 가족 때문에 걱정해본 적이 있니? • 형이 어머니에게 "왜 동생 편만 드는데요?"라고 말한 까닭은 무엇일까?

느린 학습자들은 질문을 하여도 어떻게 답해야 하는지를 몰라서 당황하는 경우가 많고, 무엇을 묻는지 몰라서 "모른다"고 대답하기도 한다. 그러므로 질문을 할 때 더 구체적이어야 하고, 필요하다면 예시를 들어서 대답하는 방법을 알려줄 필요도 있다. 이와 같은 언어적 상호작용은 느린 학습자들의 언어표현력을 향상시켜줄 뿐만 아니라, 자기가 알고 있던 정보나 경험을 보다 쉽게 떠올리도록 도와준다. 이를 통해 점차 스스로 생각하는 힘이 길러지면 남의 도움을 받지 않고도 글을 읽고 경험을 연결할 수 있게 된다.

상황 전체를 이해하기

느린 학습자들은 대체로 전체보다는 부분에만 주의를 기울이는 경우가 많다. 글을 읽을 때도 마찬가지다. 글의 일부분에만 주의를 두기 때문에, 현재 읽고 있는 부분이 글 전체에서 어디에 해당하는지를 말하지 못하는 경우가 많다.

느린 학습자들이 글을 잘 이해하기 위해서는 글 전체의 흐름을 종이나 화이트보드에 그려가면서 정리를 해주는 것이 필요하다. 어느 정도 이해가 되었다 싶으면 스스로 글의 전체 흐름을 정리해보도록 하는 것도 좋다. 주로 이야기 글을 읽을 때 해보면 유용하고 이때 아이와 같이 종이에 간단한 흐름도를 그려보면 이해하기가 더 쉽다.

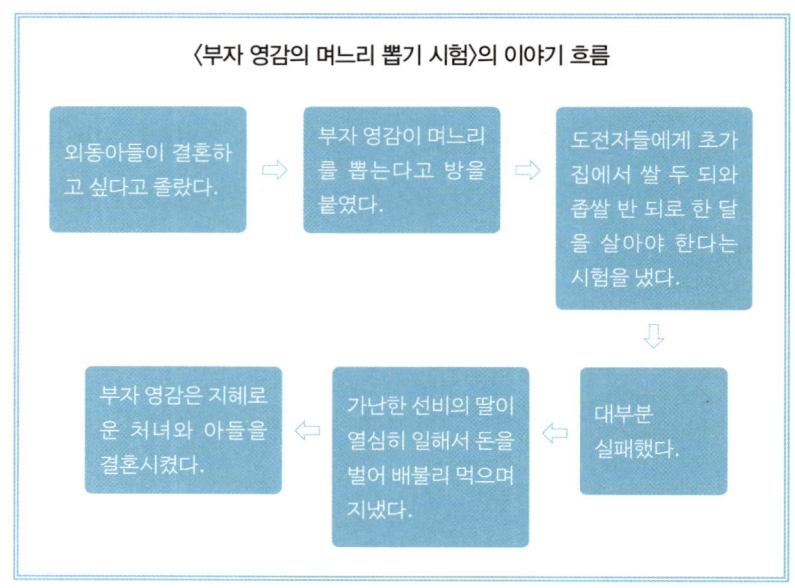

전체의 흐름도를 그려보고 나서 다시 책을 읽으며 어느 부분에 해당되는지 되짚어본다면, 전체 내용과 일부 내용의 관계를 보다 쉽게 이해할 수 있다. 느린 학습자들은 말로만 듣고 스스로 생각하거나 상상하면서 내용을 이해하는 것이 어렵다. 이들에게는 흐름도나 그림, 표와 같은 시각화된 도구를 사용하여 이해하기 쉽게 간추려주는 것이 도움이 된다.

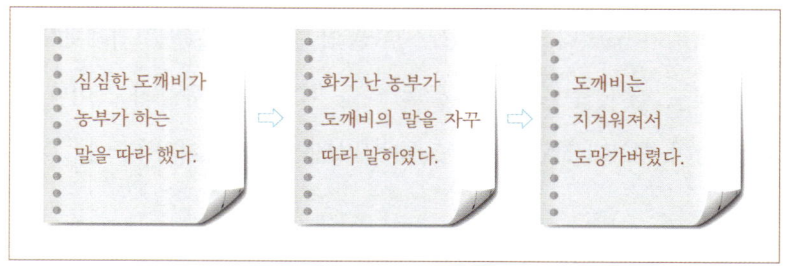

인과관계를 추리해보기

보통 이야기 글에는 원인과 결과가 들어 있다. 원인은 글 전체를 이끄는 이유가 되어 재미난 전개를 이끌고, 나중에 원인과 관련된 결과로 맺음을 하게 된다. 따라서 이야기 글의 주요 전개는 인과관계를 기초로 이루어진다고 볼 수 있다. 느린 학습자들은 이러한 인과관계를 스스로 생각하고 추리하는 힘이 부족하다. 앞서 설명한 상황 전체를 이해하는 힘이 부족하기 때문이다.

원인과 결과, 즉 인과관계를 추리하는 연습은 글 전체를 놓고 해볼 수도 있고, 특정 부분을 읽고 해볼 수도 있다. 원인과 결과는 순서가 있다. 원인은 시간상 앞에서 발생하고, 결과는 나중에 발생한다. 그러므로 이야기의 전체 흐름에서도 원인은 앞부분에, 결과는 뒷부분에 나오는 경우가 많다. 물론 이야기의 흥미를 위해 원인을 글의 후반부에 밝히는 경우도 많지만, 동화에서는 대부분 원인이 앞부분에 나온다. 인과관계를 추리해보는 연습을 하려면 순서상 원인이 앞부분에 나온 글이나 이야기를 사용하는 것이 좋다. 그것이 어느 정도 잘 되어야 앞부분에서 결과가 먼저 나오고 원인이 밝혀지지 않은 글을 만났을 때에도 흥미를 갖고 추리하면서 글을 읽어갈 수 있게 된다.

하지만 글의 전체 흐름을 정리해보아도 원인이 겉으로 드러나지 않는 경우가 많다. 이때는 이들의 결과를 먼저 찾아보도록 하면 좋다. '부자영감의 며느리 뽑기 시험'에서 결과는 지혜로운 가난한 선비의 딸이 며느리로 뽑히게 된 일이다. 그러고 나면 앞부분에서 원인을 찾아볼 수 있다. 원인이 될 수 있는 여러 가지 예시를 보여주고 어떤 것이 가장 적절한지 골라보도록 한다. 가난한 선비의 딸이 며느리가 된 원인은 초가집에서 한 달 동안 어려운 시험을 치르며 지혜롭게 생활했기 때문이다. 이렇게 전체 글에서 원인과 결과를 찾아보는 연습을 반복적으로 하여 글에 대한 이해도를 높일 수 있도록 한다.

〈어떤 것이 원인일까?〉
1. 외동아들이 결혼하겠다고 졸랐다.
2. 부자영감이 며느리를 뽑겠다고 방을 붙였다.
3. 여러 명의 처녀들이 도전하였다.
4. 가난한 선비의 딸이 부지런히 일해서 배불리 먹고 한 달 동안 초가집에서 지냈다.

〈결과〉
가난한 선비의 딸이 부자영감의 며느리가 되었다.

맥락 파악과 예측하기

　　　　　예측하기는 앞으로 일어날 일을 생각해보는 것을 말한다. 글이 끝난 후나 읽고 있는 도중에 뒷부분의 내용을 알지 못한 상태에서 '앞으로 어떤 일이 벌어질 것인가?'를 생각하는 것이다. 예측하기는 사실상 글 전체의 내용을 잘 이해하는 능력을 필요로 하며, 다양한 상황에 대한 경험도 있어야 한다. 즉 글 전체가 어떻게 시작하여 어떻게 마무리되는지 전체적으로 이해할 수 있어야만 그다음에 벌어질 일도 혼자 힘으로 생각해 낼 수가 있다. 또한 생활에서 글의 내용과 비슷한 경험을 해본 적이 있어야 앞으로 벌어질 일을 쉽게 생각해볼 수 있다. 하지만 글 전체의 내용을 이해하지 못했거나 생활경험이 많지 않아도 예측해볼 수 있다. 브레인스토밍을 통해서이다.

브레인스토밍

　　브레인스토밍은 제한이나 틀 없이 이런저런 생각을 다양하게 해보는 것이다. 이렇게 되면 어떨까? 저렇게 되면 어떨까? 하고 말이다. 브레인스토밍을 힘들어하는 사람도 있다. 스스로 어떻게 해야만 한다는 고정관념이나, 어떤 기준에 맞춰 생각해야 한다는 사고의 고집성 또는 완고함이 있으면 그럴 수 있다. 반면에 느린 학습자는 고정관념이나 사고의 고집성 때문이 아니라 생각을 많이 해보지 않아서 브레인스토밍을 잘하지 못하는 것으로 보인다.

　　느린 학습자들이 이런저런 생각을 제한 없이 하기 위해서는 '맞고 틀리고'의 판단을 접어두고 어떤 생각이든 마음껏 할 수 있도록 자극하고 격려하는 것이 필요하다. 예를 들어 심심해서 농부가 하는 말을 종일 따라 하던 도깨비가 거꾸로 농부가 자신이 하는 말을 계속 따라 했을 때, 어떤 행동을 했을지 여러 가지 상황을 상상해보도록 하는 것이다. 도깨비가 어떤 행동을 했는지에 관한 브레인스토밍은 정답도 오답도 없으므로 어떤 답도 틀린 것이 아니다. 어떤 답으로 말해도 틀리지 않는 안전한 활동(혼나거나 눈치보지 않는 상황)은 느린 학습자가 편안하게 예측하기를 연습할 수 있게 해준다. 그러므로 느린 학습자와 책을 읽은 후에는 되도록 브레인스토밍을 많이 해보는 것이 좋다.

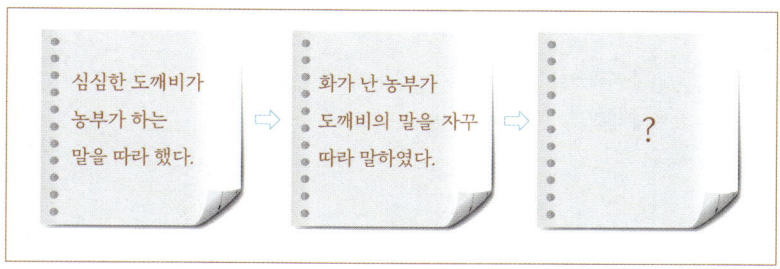

흐름도와 맥락 파악하기

　신데렐라 같은 이야기들은 이야기가 모두 끝나고 다른 어떤 이야기가 온다고 해도 상관이 없다. 하지만 어떤 이야기는 등장인물의 다음 행보가 맥락상 충분히 예측되는 경우가 있다. 예를 들어 수업 시간에 쓰레기가 지구를 오염시킨다는 내용을 배웠고 스스로 지구를 지켜야겠다고 결심한 주인공이 있는 이야기라면, 주인공이 어떤 행동을 할지 충분히 예측할 수 있다. 주인공의 결심이 일어난 상황의 맥락을 살펴본다면 충분히 예측 가능한 것이다. 하지만 느린 학습자들은 이러한 상황에서 맥락을 살펴보는 힘이 부족하다. 그래서 주인공이 어떤 행동을 할지 예측하기 힘들어할 수도 있다. 이런 경우에는 주인공의 결심과 맥락에 관한 정보를 정리해보는 활동을 통해 예측하는 힘을 기를 수 있다. 앞서 설명했듯이 말로만 듣거나 글로만 읽어서는 맥락을 이해하는 것이 힘들 수 있으므로 종이나 화이트보드에 표나 그림으로 정리하여 맥락을 이해하도록 한다.

| 수업 시간에 쓰레기와 지구 오염에 대해 공부했다. | ⇨ | 지구를 지켜야겠다고 결심했다.
결심=지구를 지키겠다. | ⇨ | |

이와 같이 정보의 정리를 통해 맥락을 잘 이해하게 되면, 주인공의 의도와 행동을 연결하여 주인공이 어떤 행동을 할지 예측이 가능해진다. 느린 학습자들이 맥락을 잘 파악하여 앞으로 벌어질 이야기를 생각해낼 수 있으려면 한두 번의 연습으로는 부족하며 반복해서 맥락을 파악하는 연습을 해야 한다. 그리고 중요한 상황을 간단한 흐름도로 정리하는 연습을 자주 해야 한다. 어쩌면 예측하거나 맥락을 파악하는 능력을 기르는 데 가장 중요한 것은 흐름도를 스스로 그릴 수 있는가에 달려 있을 것이다.

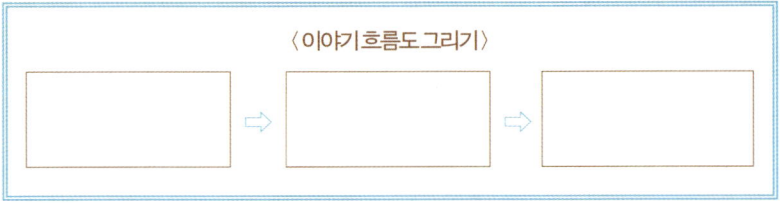

〈이야기 흐름도 그리기〉

책을 읽고 이야기 흐름도를 그려보는 과정을 반복해 상황이 어떻게 흘러가는지 살펴보는 눈을 길러주도록 하자. 그렇게 되면 주요 맥락을 잘 파악하게 되어 다음에 벌어질 상황을 효과적으로 예측할 수 있게 될 것이다.

느린 학습자들은 글자를 읽으면서 바로바로 의미를 이해하는 것이 어렵기 때문에 글자를 따라가면서 글과 문장이 의미하는 바를 간추리거나 시각화하면 이해하는 데 도움이 된다. 이야기 흐름도는 그런 면에서 이야기 전반을 이해하고 글을 읽는 요령을 갖출 수 있게 해준다. 흐름도를 반복적으로 그려보며 스스로 글 전체를 이해할 수 있도록 연습해보자.

Part 5.

문단 단위로 생각하기

쉬운 책에서 어려운 책으로 넘어가는 단계의 느린 학습자에겐 문단 단위로 생각하는 연습이 꼭 필요하다. 문단을 이해해야 글 전체를 이해할 수 있기 때문이다.

문단이 중요한 이유

문단은 여러 문장이 모여서 하나의 주제를 설명하는 기본 단위이다. 문장들이 모여 있는 글의 덩이로서, 글쓴이가 말하고자 하는 한 가지 주제를 집중적으로 설명하는 역할을 한다. 예를 들어 지금 독자가 읽고 있는 이 문단은 '문단이 무엇인가?'를 설명하는 문장들의 모음 또는 덩이이다. 문단은 줄을 바꾸어 구분하며 가독성을 위해 한 줄씩 띄워주기도 한다. 새로운 주제를 설명하려면 새로운 문단으로 구분하여 쓰게 된다.

보통 이야기 글을 읽을 때는 전체 내용을 이해하기 위해 각 문단보다는 줄거리나 상황을 좀 더 비중 있게 생각한다. 즉 이야기 글을 읽을 때는 문단보다 배경, 등장인물, 사건의 시작, 전개, 결말 등의 흐름을 이해하는 것이 중요하다. 이야기로 구성된 책을 많이 있는 유아나 저학년의 느린 학습자들에게는 특히 그러하다. 하지만 초등 고학년 이상의 교과서를 읽고 이해하며 학습하기 위해서는 문단 중심으로 쓰인 글을 이해하는 것이 매우 중요하다. 문단 단위의 글은 지금까지 보았던 스토리 중심의 글과 다른 이해 과정을 요구하므로 느린 학습자들이 이를 배울 필요가 있다.

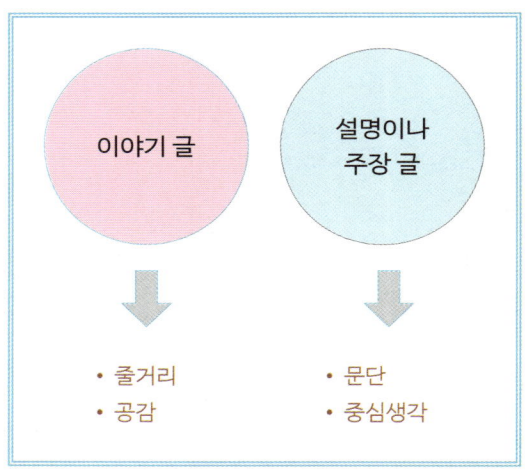

문단의 역할이 중요한 글은 설명이나 주장, 의견, 기행문 같은 글이다. 교과서나 인터넷 백과사전에 실린 글 등은 주로 설명문인데, 읽는 이가 쉽게 이해할 수 있도록 어떤 대상이나 사건을 풀어 쓴 형태라 할 수 있다. 글을 쓰는 사람은 읽는 사람이 쉽게 이해할 수 있도록 문단을 구분하기 때문에 글을 읽는 사람도 문단으로 나누어서 내용을

파악하면 이해하기가 쉽다. 논설문이나 연설문, 의견을 주장하는 글에서는 전체 주제를 전달하는 데 필요한 논거를 문단으로 구분하여 하나씩 제시하는 경향이 많다. 근거가 되는 생각이나 자료를 여러 개의 문단에 담아 논리적으로 차근차근 설득하고 읽는 이들이 쉽게 공감할 수 있도록 하기 위해서다. 기행문은 여행하면서 자신이 갔던 곳, 했던 일, 느꼈던 점들을 쓰는 글인데, 역시 문단을 구분하여 쓰게 되면 읽는 이가 글쓴이의 여정을 쉽게 상상하면서 마치 자신도 그곳을 여행하는 것처럼 흥미롭게 감상할 수 있다.

문단의 이해는 고학년이 되면서 좀 더 중요해진다. 교과서에 이야기 글보다는 정보가 중심이 되는 설명글이 많아지기 때문이다. 지금까지 이야기 글 위주로 읽어왔다면 이때부터는 다양한 지식을 다루는 글을 많이 접하게 된다. 문단 단위로 생각하지 못하면 이야기 글을 재미있게 읽던 학생이라도 정보나 개념 전달 위주의 글을 읽기 힘들어하고 흥미를 잃게 된다. 문단 단위로 생각을 간추릴 수 있다는 것을 알면 어렵지 않게 다양한 글을 읽고 이해할 수 있다. 이것이 문단 단위로 생각하기가 중요한 이유이다.

느린
학습자가
문단
이해하기

　　　느린 학습자는 대체로 글을 읽어도 생각이 낱말 수준에 머물러 있는 경우가 많다. 내용을 물어보면 몇 개의 낱말들로 대답한다. 예를 들어 유관순 열사에 관한 글을 읽은 후 "유관순 열사는 어떤 일을 하신 분일까?" 질문하면 "음, 태극기, 만세….'와 같은 식으로 답한다. 앞에서 말했듯이 느린 학습자에게 문장 구성에 관한 기본 지식을 가르쳐 자기 생각을 구체화하는 연습을 하면 표현은 조금 나아진다. 유관순 열사가 태극기로 무엇을 했는지 문장으로 설명할 수 있게 되는 것이다.

　　　하지만 글의 내용을 한 문장으로 표현할 수 있어도 문단에 대한 이해가 없으면 글을 읽고 내용을 종합적으로 이해하는 것은 어려울 수밖에 없다. 느린 학습자는 문단이 무엇인지 알고, 글에서 어떤 역할을 하는지 깨달아 단락 단위로 생각하는 연습을 해야 한다. 느린 학습자에게 문단을 가르치는 것이 듣기에 따라서는 막연하여 어렵게 느껴지겠지만, 실제로 해보면 간단하고 느린 학습자들도 쉽게 따라온다. 문단의 개념과 기능을 안내하고 가르치는 구체적인 방법은 뒤에서 설명하겠다.

<u>문단에서 자주 사용되는 접속사와 낱말</u>

[가] _____ 다.

[나] 왜냐하면 _____

[다] 예를 들면 _____

[라] 그리고 _____

[마] 그러나(그런데) _____

[바] 또한 _____

[사] 첫 번째, _____, 두번째, _____

[아] ○○이란 _____

    [가]는 문단마다 들어 있는 주장하는 문장을 말한다. 각 문단에는 반드시 글쓴이가 주장하거나 말하고 싶은 문장이 들어 있다. 이 문장은 글쓴이가 글 전체를 쓴 목적이다. 이 문장을 가장 먼저 찾아내는 것이 글 이해의 첫 단추일 것이다.

    [나]는 이유를 설명하는 문장인데, 보통 '왜냐하면'으로 시작한다. 조금 다른 이야기이지만, 느린 학습자들과 수업을 하다 보면 희한하게도 '왜냐하면'으로 시작하는 문장을 자주 구사하는 것을 보게 된다. 혹시 변명해야 하는 상황을 많이 겪어서 저절로 이유나 근거를 대는 일에 익숙해진 게 아닐까 하는 생각이 들기도 한다. 부모나 교사가 본의는 아니더라도 느린 학습자에게 "왜 그랬어?"라고 추궁하듯 묻는 일이 많았던 것은 아닌지 한번 돌아볼 필요가 있다. 다시 문단 이야기로 돌아가자. 문단에는 꽤 자주 '왜냐하면'으로 시작하는 문장이 등장하기 때문에, 앞의 어떤 문장과 연관된 이유나 근거인지를 찾아보도록 하는 과정이 필요하다. 만약 '왜냐하면'이라는 말이 생략되었더라도 '때문에'가 들어가는 문장이 있는지 살펴서 그 문장이 원인과 근거

를 설명한다는 것을 알려주어야 한다.

[다]는 주장하거나 설명하는 문장을 쉽게 이해할 수 있도록 예시나 사례를 들 때 사용되는 표현이다. 일상 대화에서도 내가 하는 말을 상대가 잘 알아듣지 못했다는 표정을 지으면, '그러니까, 예를 들면…'이라고 하면서 구체적인 사례를 들지 않는가? 글을 쓸 때도 마찬가지다. 읽는 사람이 혹시라도 글쓴이의 설명이나 주장을 이해하지 못할까 봐 '예를 들면' 하고 친절하게 이야기하는 것이다. 느린 학습자들에게 '예를 들면'의 쓰임새를 알려주면 글의 흐름을 따라가는 게 좀 더 쉬워질 것이다.

연습문제

보기처럼 '예를 들면' 뒤에 올 수 있는 문장을 적어보자.

[보기]

우리 반 친구들은 아이스크림을 좋아한다. 예를 들면 수민이는 딸기 아이스크림을 좋아하고, 호태는 초코 아이스크림을 좋아한다.

우리 가족은 운동을 좋아한다. 예를 들면 _____
_____

[라]는 자꾸자꾸 하고 싶은 말이 많은 글쓴이가 자주 사용하는 접속사이다. 앞에서 어떤 말을 했지만 조금 더 설명하고 싶을 때 '그리고'라는 접속사를 쓰는데 느린 학습자들과 놀이처럼 '그리고'를 넣어 문장을 만들어서 연결해보도록 하면 쉽게 그 쓰임새를 익힐 수 있다. 일명 '그리고 놀이'라고 해서, 두 사람이 번갈아 가며 '그리고'로 시작하는 문장을 이어 말하는 놀이이다. 예를 들어 먼저 "지우가 뷔페 레스토랑에 갔습니다. 그리고 피자를 먹었습니다."라고 하면 다른 사람이 "그리고 아이스크림을 먹었습니다."라고 한다. 이렇게 연속해서 '그리고'라는 접속사를 이용해 다음 내용을 덧붙이면 된다. 그렇게 몇 차례 반복한 뒤 '그리고'라는 접속사는 계속 무엇인가를 말하고 싶거나 인물의 다음 행동을 이야기할 때 사용하면 된다고 알려주는 것이다.

[마]는 앞에서 했던 문장과 다르게 생각하거나 반대로 생각해야 할 때 사용하는 접속사이다. '강아지가 모두 검은색이다.'라는 문장에 이어서 '그러나 가끔은 흰색 강아지가 태어난다.'라는 식으로 쓴다는 것을 알려준다. 사실 느린 학습자들은 '그러나(하지만)'의 의미를 이해할 수는 있지만 평소 스스로 잘 사용하지는 못하는 것 같다. '그러나(하지만)'는 상대방의 주장에 반론을 제시할 때 유용한 단어인데, 아무래도 느린 학습자 입장에서는 상대방의 말에 반대하는 주장을 생각하기도, 표현하기도 어려운 것 같다. '그러나'를 활용해 다양한 문장표현이 가능하도록 연습해서 읽기뿐 아니라 일상에서도 유용하게 사용할 수 있도록 도움을 주면 좋겠다.

[바]는 '그리고'와 그 쓰임새가 비슷하다. 하고 싶은 말이 많은 글쓴이가 덧붙여서 새로운 문장을 쓰고자 할 때 자주 쓴다. 필자도 '또한'이라는 접속사를 자주 사용하는데 아마도 할 말이 많은 수다쟁이라서 그런 것 같다.

[사]는 글쓴이가 주장하거나 설명하는 글을 꼼꼼하게 예를 들어 설명하고자 할 때 사용하는 낱말이다. 여러 개의 논거를 빠짐없이 설명하고 싶은 글쓴이가 '첫 번째' '두 번째' 하는 식으로 자주 쓴다. 생각보다 자주 사용되는 낱말이므로, 문단에서 이 낱말들이 등장할 때마다 동그라미를 치면서 읽어보도록 해도 좋다. 글쓴이의 꼼꼼한 마음을 생각하면서 말이다.

[아]는 글에 자주 등장하는 어떤 낱말이나, 읽는 사람이 처음 접했을 것 같은 낱말을 풀어서 설명하거나 정의를 내릴 때 주로 사용한다. 느린 학습자들을 가르칠 때마다 '○○이란_____(를 말한)다.'라고 쓰인 문장은 꼭 챙겨서 '○○이란'처럼 형광펜으로 밑줄을 긋도록 안내를 하는 편이다. 왜냐하면 느린 학습자들은 새롭고 어려운 낱말이 나오면 부담스러워하는데, 이처럼 정의가 내려진 문장 다음에 오는 내용은 해당 문장에 대한 부연설명인 경우가 많기 때문이다.

느린 학습자들에게 문단을 가르치라고 하면서 왜 접속사를 강조해 설명했을까? 설명글이나 주장글 대부분에는 접속사가 활발히 쓰이기 때문이다. 어떤 문단은 예시를 들어 설명하고, 어떤 문장은 글쓴이의 또 다른 생각을 '그리고'나 '그러나'로 시작하며 제시하는 경우가 많다. 단순히 접속사가 문장과 문장을 이어주는 구실을 할 뿐만 아니라, 문단 단위에서도 중요한 기능을 담당하기 때문에 느린 학습자에게 설명글이나 주장글을 가르칠 때는 주요 접속사와 자주 등장하는 낱말을 하나하나 짚어가며 설명하는 것이 필요하다.

문단을
가르치는
방법

　　느린 학습자에게 문단을 가르치는 방법은 생각보다 어렵지 않다. 문단마다 줄바꿈이 되어 있고, 들여쓰기를 하거나 행을 띄워놓기도 해서 한눈에 구분하기 쉽다. 느린 학습자는 말로만 설명을 들을 때보다 직접 보거나 해볼 때 더 잘 이해하므로 한 페이지 분량의 짧은 글을 골라서 문단을 가르치는 것이 좋다.

문학 장르보다는 비문학 장르의 글

　　문학 장르의 글은 주로 이야기나 감상 중심의 글이기 때문에 문단 단위로 글쓴이의 생각을 이해하는 연습을 하기에 적합하지 않다. 그러므로 간단한 주제나 주장이 담긴 짧은 비문학 장르를 선택하는 것이 좋다. 인터넷 기사 중에서 도움이 될 만한 글을 고르거나 학습지의 독해 지문만 따로 복사해서 활용할 수도 있다. 학습지를 활용할 때에는 문제를 푸는 활동이 중심이 되지 않도록 글만 따로 복사해서 연습하는 것이 낫다.

여러 가지 색 필기구와 형광펜 준비

문단을 배우는 활동에서는 주로 하이라이팅 기법을 활용한다. 하이라이팅 기법은 낱말이나 문장에 형광펜 등의 필기구를 사용하여 눈에 잘 띄게 표시하고 강조하는 것을 말한다. 강조하는 바를 한눈에 볼 수 있어서 주의력이 낮은 느린 학습자들에게 꼭 필요하다. 여러 가지 색 필기구를 준비한 뒤 필기구마다 역할을 정해놓고 사용하면 더 좋다. 아래 내용은 그 예시이다.

- 초록색 볼펜: 문단을 구분한다.
- 파란색 볼펜: 요약 글을 쓸 때 사용한다.
- 노랑색 형관펜: 핵심어를 표시할 때 사용한다.
- 빨간색 볼펜: 주요 문장에 밑줄을 그을 때 사용한다.

예시

「노벨상에 대하여」

핵심어: 노벨상
제목: 노벨상의 의미

노벨상은 스웨덴의 과학자 노벨의 유언에 따라 만들어진 상이다. 1901년 처음으로 주기 시작한 이 상은 문학, 화학, 물리학, 생리학, 의학, 경제학, 평화 등의 분야에서 인류에 큰 공헌을 한 사람이나 단체에 매년 주어진다.

핵심어: 노벨
제목: 노벨상의 유래

노벨은 자신이 발명한 화약무기와 다이너마이트를 통해 많은 돈을 벌었다. 하지만 자신이 만든 것들이 전쟁에 사용되어 인류에게 큰 피해를 끼치는 것을 가슴 아파하며 그 돈으로 인류에게 공헌한 사람들에게 상을 주게 되었다.

핵심어: 마리 퀴리
제목: 마리 퀴리와 노벨상

우리가 잘 알고 있는 마리 퀴리는 노벨상을 두 번이나 받았다. 첫 번째로는 1903년에 남편과 함께 물리학상을, 두 번째로는 1911년에 혼자서 화학상을 받았다. 이뿐만 아니라, 큰딸인 이렌 퀴리와 사위도 1935년에 화학상을 수상하였다.

핵심어: 평화상
제목: 평화상 수상자와 후보

우리나라에서는 김대중 대통령이 2000년에 평화상을 수상하였다. 스웨덴의 17세 환경운동가인 그레타 툰베리도 여러 차례 평화상 수상자 후보에 올랐다.

가로질러 뚝 끊고, 문단을 구분하기

느린 학습자들에게 각 문단의 덩이를 크게 묶어 보여주면서 한 덩이가 문단이라는 것을 확실히 이해할 수 있게 한다. 앞서도 말했듯이 줄바꿈이나 행 띄우기, 들여쓰기 위주로 살펴보면 문단을 구분하는 것은 어렵지 않다. 이제 느린 학습자가 스스로 문단을 구분하도록 해본다. 앞쪽의 예시처럼 문단이 끝날 때마다 가로줄을 길게 그으면 구분이 쉽다. 그런 후 문단이 몇 개인지 말해보게 한다. 각 문단은 저마다 글쓴이가 생각하는 것을 하나씩 담고 있는데, 앞의 「노벨상에 대하여」처럼 문단이 4개라면 글쓴이가 4개의 생각을 담았다는 것을 설명해준다.

핵심어 또는 주제어 찾기

각 문단에는 글쓴이가 말하고 싶어 하는 가장 중요한 낱말이 한두 개씩 있다. 문단을 구분한 다음에는 그 낱말을 찾아볼 차례이다. 낱말을 찾으면 문단의 앞부분 여백에 간단하게 적어 놓는다(「노벨상에 대하여」 예시 참고). 각 핵심어는 그 문단에서 글쓴이가 가장 설명하고 싶어 하는 주제어로, 문단의 모든 문장은 그 핵심어와 연관이 있다. 문단의 중심문장도 핵심어와 관련되어 있다는 사실을 안내해준다.

문단의 제목 달기

각 문단을 읽고 나서 한마디로 무엇에 관한 내용인지 생각해보고 이를 제목으로 표현해보도록 한다. 이 부분은 부모나 교사, 치료사의 도움이 약간 필요하다. 제목은 전체 내용을 압축하여 설명하는 추상적 단어가 사용될 때가 많기 때문이다. 느린 학습자가 문단의 제목을 달기 어려워한다면, 가르치는 사람이 몇 가지 예시를 들어주면서 적절한 것을 골라 핵심어 밑에 적어놓게 한다. 이때 사용되는 낱말은 다른 글을 읽고 문단의 제목을 달 때도 종종 사용되므로 충분히 설명하여 그 뜻을 기억할 수 있게 도와주면 좋다.

문단의 구성과 글쓴이의 생각

느린 학습자에게 문단이 무엇인지, 문단을 어떻게 구분하는지, 문단을 구분하여 어떻게 정리하는지 가르치는 방법을 알아보았다. 이제 글쓴이의 생각을 정확하게 파악하고 이를 요약하거나 정리하는 방법을 배울 차례이다. 각 문단을 읽고 나면 한 문장으로 글쓴이의 생각을 요약하고 정리할 수 있어야 한다.

글쓴이의 생각

문단에 들어 있는 글쓴이의 중심생각은 요약문으로 간단하게 정리한다. 그 문단을 왜 썼는지, 혹은 무엇을 말하고자 하는지 간단히 정리하는 것이다.

- 요약문: 한 문단을 읽고 전체의 내용을 간단하게 정리한 글이나 문장을 말한다. 문장을 하나 골라 요약문으로 삼거나 새로운 문장으로 글을 정리해도 좋다.
- 중심생각: 문단의 요약문에 표현된 글쓴이의 생각이나 의견을 말한다.

결국 요약문이나 중심생각은 같은 말이라고 할 수 있다. 느린 학습자에게 각 문단에 글쓴이의 중심생각이 있고, 이를 간단하게 정리한 것이 요약문임을 설명해주면 된다. 아래에 간단한 예시를 들어보았다.

해일과 파도는 어떻게 다른가?

파도는 바람이 불어서 물의 표면이 움직이는 현상을 말해요. 하지만 해일은 지진이 발생하거나 바닷속 화산이 폭발하는 것처럼 바닷속에서 커다란 움직임이 일어나서 생기는 현상이지요. 일본에서는 해일을 "쓰나미"라고도 불러요. 해일은 바닷속부터 큰 힘으로 움직이는 것이기 때문에 주위에 큰 파동을 일으킬 정도로 강한 에너지와 힘을 갖고 있지요. 그래서 해일이 발생하면 바닷가 근처의 건물들이나 도로들이 큰 힘에 의해 떠내려가기도 한답니다. 2011년 일본 도호쿠 지방에서 극심한 해일이 발생해서 큰 인명피해와 재산 피해가 발생하기도 했답니다.

중심생각: 파도는 바람이 불어서 물의 표면이 움직이는 현상이고, 해일은 바닷속에서 커다란 움직임이 일어나 생기는 현상이다.

중심생각이 어디에 있을까?

글쓴이들은 자신의 중심생각을 조리있게 표현하기 위해 한 문단 안에 여러 문장을 다양한 방식으로 엮어놓고 있다. 중심생각이 문단의 앞부분에 먼저 제시되기도 하고, 문단의 끝부분에 제시되기도 한다. 문단을 이해하려면 중심생각의 위치가 어디인지 파악하는 것이 중요하다.

앞부분에 있는 중심생각 찾기

글쓴이는 문단을 쓸 때, 자신의 중심생각을 문단의 어디에 놓을지 고민하게 된다. 문단의 앞부분에 놓을지, 뒷부분에 놓을지, 아니면 문단의 앞과 뒤에 모두 넣어서 중심생각을 강조할지 결정한다. 요즘에는 중심생각을 주로 앞부분에 배치하는 두괄식을 선호하는 추세이다. 중심생각을 먼저 읽으면 독자가 더 분명하고 쉽게 받아들일 수 있다는 장점 때문일 것이다.

초등학생에게 스마트폰이 필요할까?

초등학생들도 스마트폰이 필요하다. 요즘에는 공부할 때 스마트폰을 많이 사용한다. 모르는 낱말도 찾아보고, 영상이나 사진 등도 검색하면서 재미있게 공부도 할 수 있다. 또 친구들과 약속을 정하거나 대화를 나눌 때도 꼭 필요하다. 스마트폰이 없으면 친구들과 연락하는 것도 불편하고, 친하게 지내기도 어렵다. 어른들은 게임에 너무 빠져서 공부를 하지 않을까 봐 걱정을 하시지만 스마트폰을 어떻게 사용할지 규칙을 정해서 지키면 된다.

위 글에서 글쓴이는 '초등학생들도 스마트폰이 필요하다'라는 중심생각을 가지고 있다. 글쓴이는 중심생각을 문단의 앞부분에 제시하고 뒷받침하는 내용들을 나중에 제시하고 있다. 읽는 이가 글쓴이의 의견을 먼저 분명하게 파악하고 근거를 이해하도록 하려는 의도이다.

중심생각을 찾았으면 선명한 색깔의 필기구를 이용하여 밑줄을 그어놓도록 한다. 그러면 느린 학습자들이 글 전체를 읽고 나서 전체 내용을 정리하여 말할 때 쉽게 참고할 수 있다.

뒷부분에 있는 중심생각 찾기

중심문장이 뒤에 나오는 경우도 있다. 문단의 앞부분에는 여러 가지 예시나 근거들을 제시해놓고, 문단의 끝부분에 가서 결론적으로 글쓴이가 어떻게 생각하는지를 밝히는 방식이다. 다음 예시는 중심생각을 맨 뒤에 배치한 글이다. 문단을 읽어가며 자연스럽게 공감할 수 있도록 이끌고 나서 최종적으로 글쓴이의 의견에 동의하게 하는 구성이다.

느린 학습자들은 보통 뒷부분에 제시되는 중심문장 찾기를 좀 더 어려워한다. 그럴 때는 문단의 앞부분부터 차근차근 한 문장씩 함께 읽어가면서 각 문장이 중심생각인지를 확인해보면 좋다. 한 문장씩 되새김하면서 중심생각이 될 수 있을지를 따지다 보면 어떤 문장이 중심생각인지를 스스로 깨닫게 된다. 역시 중심문장을 찾았다면 선명한 색깔의 필기구를 이용하여 밑줄을 그어놓도록 한다.

언제 영어를 가르치는 것이 효과적일까?

0~3세까지는 감정과 정서와 관련된 뇌영역이 빠르게 발달하고, 3~6세까지는 종합적인 창의력이 발달한다. 그렇기 때문에 유아기에는 감성과 창의성을 강조하는 활동이 더욱 필요하다. 언어는 초등학교 시기에 와서 다양한 학습경험과 관련하여 왕성하게 발달한다. 따라서 영어는 만 6세 이후에 배우는 것이 가장 효과적이다.

앞과 뒤에서 두 번 중심생각 찾기

글쓴이가 중심생각을 앞과 뒤에서 두 번 말하는 경우도 있다. 문단의 앞에서 먼저 이야기하고 왜 그렇게 생각하는지를 풀어가다가, 문단의 끝부분에서 다시 한번 강조하는 방식이다. 글을 읽는 이가 중심생각에 강하게 공감했으면 하는 글쓴이의 바람이 담겨 있다고 생각한다.

언제 영어를 가르치는 것이 효과적일까?

영어는 만 6세 이후에 배우는 것이 좋다. 0~3세까지는 감정과 정서와 관련된 뇌 영역이 빠르게 발달하고, 3~6세까지는 종합적인 창의력이 발달한다. 그렇기 때문에 유아기에는 감성과 창의성을 강조하는 활동이 더욱 필요하다. 언어는 초등학교 시기에 와서 다양한 학습경험과 관련하여 왕성하게 발달한다. 따라서 영어는 만 6세가 지나서 초등학교에 들어간 후에 배우는 것이 가장 효과적이라고 생각한다.

문단의 앞과 뒤에서 두 번 중심생각을 찾으면 이때도 선명한 색깔의 필기구를 이용하여 밑줄을 긋도록 한다. 밑줄들을 보면서 중심생각이 문단에 어떻게 배치되었는지 한눈에 파악할 수 있다.

문단은 문장이 모여서
하나의 주제를 설명하는
기본 단위이다.
교과서 내용이나 지식 위주의
글을 읽고 이해하려면
문단 단위로 생각하는 것이 필요하다.

느린 학습자는 문단을 읽고
한 문장으로 핵심 내용을 요약하고
정리하는 연습을 꾸준히 하면
글 전체를 이해하는
능력을 키울 수 있다.

글 전체와
문단의
이해

하나의 글을 전체라고 생각하면 각 문단은 글의 부분 부분에 해당한다. 문단 단위로 생각하는 것은 글의 부분 부분을 이해하는 방법이다. 하지만 글을 읽는 것은 전체 내용을 읽고 이해하기 위한 것이지 부분만을 이해하기 위한 것은 아니다. 느린 학습자에게 글 전체를 이해하는 능력을 길러주려면 문단을 요약하고 이해하는 것만 가르쳐서는 충분하지 않다. 글을 처음부터 끝까지 종합적으로 이해하는 방법을 가르쳐야 한다. 문단을 요약하고 제목을 질문으로 바꾸어 생각해보고 제목 없는 글에 직접 제목을 달아보는 연습은 글 한 편을 오롯이 이해하는 능력을 키우는 데 도움이 된다.

제목을 질문으로 바꾸어보기

어떤 글의 제목은 글 전체를 대표하는 문장이나 구절이 되기도 한다. 글쓴이가 말하고 싶은 내용을 가장 압축적으로 표현한 문장이나 구절인 것이다. 글을 읽기 전에 제목을 읽는다는 것은 글에 담긴 핵심 내용을 미리 읽는 것과 같다. 하지만 느린 학습자들은 제목이 갖는 의미를 잘 알지 못하고 제목과 각 문단이 어떻게 관련되는지 생각하지 못할 때가 많다.

이제 글의 제목과 각 문단을 연관 지어 글 한 편을 종합적으로 이해하는 방법을 익힐 차례이다. 그러기 위해서는 먼저 제목을 의문문으로 바꾸는 연습을 해보면 도움이 된다. 의문문으로 고치는 연습은 가르치는 사람이 글의 전체 내용을 고려해 제목과 문단의 내용을 연관 지으면서 융통성 있게 하는 것이 좋다. 아래에서 몇몇 글의 제목을 의문문으로 고쳐보았다.

- 하늘을 날아서 학교에 가요, 에어택시 시대 → 에어택시는 무엇일까?
- 비행기가 나는 원리 → 비행기는 어떤 원리로 날까?
- 메타버스 → 메타버스는 무엇인가?
- 이웃 간 갈등의 원인, 층간소음 → 층간소음이 왜 이웃 간 갈등의 원인이 되지?

글의 제목을 의문문으로 바꾸었다면, 가르치는 사람과 배우는 사람이 역할을 나누어서 질문하고 답하는 연습을 해보자. 보통 가르치는 사람이 부모나 교사, 치료사이므로 먼저 글의 제목을 의문문으로 바꾸어 느린 학습자에게 질문한다. 예를 들어 "도시의 밤이 밝은 것이 왜 문제가 되지?"라고 질문하는 것이다. 이에 대한 답은 문단에서 요약한 중심생각을 근거로 하면 된다. 아래 내용은 배달 음식이 많아지면서 플라스틱 용기의 사용이 늘어나고 있다는 글을 읽고 치료사와 느린 학습자가 질문하고 답한 것이다. 이 글의 제목은 '플라스틱 쓰레기가 넘치고 있다'였다.

제목: 플라스틱 쓰레기가 넘치고 있다

문단 1 요약: 요즘은 가정에서 배달 음식을 자주 시켜 먹는다.
문단 2 요약: 음식점과 고객을 연결해주는 배달 관련 어플리케이션이 발달하였다.
문단 3 요약: 음식을 자주 배달시키게 되면서 일회용 플라스틱 용기가 많이 발생한다.
문단 4 요약: 지구의 환경문제를 생각한다면 일회용 플라스틱 용기의 사용을 자제하고 다회용 용기를 사용하기 위해 노력해야 한다.

교사나 부모: 플라스틱 쓰레기가 왜 문제가 되지?
느린 학습자: 요즘 집에서 배달 음식을 자주 시켜 먹어요. 배달

앱을 쉽게 사용할 수 있기 때문이에요. 하지만 배달 음식을 자주 시켜 먹으면 일회용 플라스틱 용기가 많이 발생해요. 그래서 일회용보다는 다회용 용기를 사용하는 것이 좋아요.

이렇게 질문하고 답하는 과정을 반복하면서 글 전체를 이해하고 정리하는 능력이 향상될 수 있다. 느린 학습자인 지원이(15세)는 문단을 요약하고 제목을 질문으로 바꾸어 문단을 근거로 정리하여 말하는 연습을 2~3개월 반복하고 나서, 글을 이해하는 능력과 글을 쓰고 말하는 능력까지 놀랍게 향상되었다. 그러더니 학급 임원선거에 도전해 부회장이 되었으며, 친구들과 잘 지내고 선생님에게도 칭찬받는 학생으로 거듭났다. 물론 모든 느린 학습자들이 지원이처럼 짧은 시간에 문단을 공부하여 향상된 결과를 나타내기는 어려울 것이다. 지원이도 두세 달만 공부한 것이 아니라 그전부터 기초적인 인지능력 향상과 글 읽기 유창성 향상 훈련을 꾸준히 하는 등 오랜 시간 노력해왔다. 단순히 몇 개월 만에 그러한 능력이 만들어진 것은 아니지만 문단 이해와 정리 연습은 분명 지원이의 역량이 발돋움하는 데 큰 도움이 되었다고 볼 수 있다.

제목 없는 글에 제목 달기

앞서 제목을 질문으로 바꾸어 문단의 내용과 연관 짓는 연습을 해보았는데, 실제로는 제목이 없는 글들도 많다. 그런 글로는 제목을 달아주는 연습을 하면 효과적이다. 제목은 어찌 보면 글쓴이가 글 전체를 통해 말하고 싶은 내용을 한마디로 정리한 것일 수 있다. 그렇기 때문에 제목을 짓는 연습만으로도 내용 이해 능력을 향상시키는 데 도움이 된다.

다음은 느린 학습자가 직접 쓴 글이다. 글을 읽고 나서 적절한 제목을 한번 달아보자.

제목: _____

내일 새로운 핸드폰으로 바꾼다. 핸드폰을 바꾼다는 기대감에 일주일이라는 시간이 빨리 갔다. 일주일 동안 즐거웠다.

내일 아침에 ○○마트에 가서 핸드폰을 사기로 했다. 핸드폰 기종은 ○○○○이다. ○○○○로 바꾸는 이유는 가격과 화면 크기가 적당해서이다.

핸드폰을 사고 나서 깔끔하게 잘 쓰고, 핸드폰에 돈을 많이 안 쓰고, 고등학생이 될 때까지 쓰기로 약속을 했다. 안 망가지게 쓸 자신이 있다.

원래 이 글을 쓴 느린 학습자는 제목을 '핸드폰 사기'라고 하였다. 글에는 새 핸드폰을 사려고 계획 중인 느린 학습자의 마음과 각오가

담겨 있다. '핸드폰 사기'처럼 간결한 제목을 짓거나 그 마음까지 담아 제목을 썼다면 글 전체의 내용을 잘 이해했다고 볼 수 있다.

제목을 정했다면, 앞서 했던 것처럼 제목을 질문으로 바꾸고, 전체 내용을 요약해서 답하는 활동을 해보아도 좋을 것이다. 예시로 들었던 '핸드폰 사기'를 가지고 다시 한번 질문하며 답하기를 해보도록 하겠다.

제목을 질문으로 바꾸기 :

핸드폰 사기 → 새 핸드폰을 사는 마음이 어떠한가?

글의 요약 및 질문에 답하기 :

일주일 동안 새 핸드폰을 살 생각에 시간 가는 줄 몰랐다. ○○마트에 가서 화면 크기와 가격을 고려해 ○○○○를 살 계획인데, 고등학교에 갈 때까지 아껴 쓸 생각이다.

이처럼 글의 제목, 각 문단, 전체의 내용은 서로 깊은 연관이 있다. 그러한 관련성을 알지 못한 채 느린 학습자가 책을 읽으면 무슨 내용이었는지 이해하지 못하거나 관련된 질문을 듣고도 답하지 못하게 된다. 문단을 쪼개고 정리하여 공부하는 것은 어떻게 보면 딱딱하고 재미없어 보이는 일 같지만, 느린 학습자들의 읽기에 생각보다 큰 도움이 된다. 글을 읽으면서 어떻게 내용을 이해해야 하는지 틀을 만

들어주기 때문이다. 간단한 글로 문단을 이해하고 점차 어려운 내용의 글 이해로 발전해가면 좀 더 수준 높은 어휘로 구성된 글도 잘 이해할 수 있게 된다. 또한 교과서를 읽거나 분량이 많은 책을 읽을 때도 문단 단위로 생각하는 방법을 터득했기 때문에 내용을 잘 이해하게 될 것이다.

실제로 초등 4학년에서 고등학교 시기의 느린 학습자들이 필자와 함께 이러한 훈련을 반복하였고, 그 후 교과서를 이해하거나 학습지를 풀 때 큰 도움이 되어 성적이 올라갔다고 하였다. 이러한 과정은 쉬운 책에서 어려운 책으로 넘어가는 단계의 느린 학습자들에 꼭 필요하다고 생각되니 놓치지 않고 지도해보기 바란다.

Part 6.

읽기를 위한
이해의 틀

글의 성격이나 유형이 달라지면 그 글을 이해하는 틀도 달라져야 한다. 이 틀을 갖고 있지 않은 느린 학습자는 글을 읽을 때 부분에만 집중하고 전체를 파악하기 어려워한다.

이해의 틀이 왜 필요한가?

앞에서 문단 단위로 이해하는 방법을 알아보았다. 하지만 모든 글을 문단 단위로 생각하며 읽을 필요는 없다. 어떤 글은 줄거리를 이해하는 것이 필요하고, 또 어떤 글들은 물건이나 장면을 떠올려 상상하는 것이 이해하는 데 도움이 되기도 한다. 글에 따라 내용을 파악하는 방식이 달라야 한다는 뜻이다. 문해력이 좋은 학생은 각기 다른 글을 구분하고, 각각에 맞는 '이해의 틀frame'을 사용하여 글을 읽어 나갈 수 있다. 이해의 틀이란 말 그대로, 글을 이해하기 위한 구조를 말한다. 그것은 지은이가 글을 쓰면서 만들어 놓은 구성이 될 수 있고, 글 안에 있는 여러 요소가 서로 관련을 맺고 있는 조직적 관계가 될 수도 있다. 이해의 틀을 갖고 있는 학생들은 글을 읽고 글쓴이가 만들어 놓은 글의 구성이나 구조를 알아낼 수 있다. 그렇지 못한 학생들은 글을 읽고도 논거를 따져 봐야 하는지, 인물의 심리나 관계를 긴밀하게 파악해야 하는지 가늠하지 못하여 내용을 이해하기가 매우 어렵다. 느린 학습자들은 여러 가지 유형의 글을 보고 각 구성을 이해하거나 파악하는 데 어려움을 겪는다. 글에 대한 이해의 틀을 갖고 있지 않기 때문이다.

이해의 틀은 글의 성격이나 유형에 따라 다르게 적용되어야 한다. 이야기 글을 읽을 때는 이야기가 흘러가는 구성을 이해하고, 이야기 속 상황을 머릿속에 그릴 수 있어야 한다. 설명하는 글을 읽을 때는 그 내용이 무엇인지 알아내야 하며, 글쓴이가 이를 전달하기 위해 어떤 구조로 글을 썼는지 알아낼 수 있어야 한다. 어떤 사건을 다룬 신문기사를 읽을 때는 그 사건을 간단하게 요약하는 이해의 틀을 가지고 있어야 한다. 이처럼 여러 가지 글을 이해하기 위해서 각각의 글이 가지고 있는 성격이나 유형을 구분하고 그에 맞는 이해의 틀을 적용할 수 있어야 하는 것이다.

이해의 틀은 숲(전체)을 보게 한다

글 전체를 숲에, 세부 내용을 나무로 비유하자면 이해의 틀은 숲 전체가 어떤 모양이며, 어떤 나무들로 구성되어 있는지 살펴보는 것과 같다. 글이 어떤 모양새를 하고 있는지 이해하는 능력, 즉 글 전체를 파악하는 능력이 이해의 틀이다.

느린 학습자들은 대체로 전체보다는 부분에 관심을 기울이는 경향이 있다. 일상생활에서 어떤 상황을 볼 때도 상황의 '전체'를 보려고 하기보다는 자신이 목격한 상황의 어떤 '부분'에만 관심을 두고 생각한다. 책이나 글을 읽을 때도 마찬가지이다. 자신이 보고 있는 부분적인 어떤 이야기에만 관심을 둔다. 그래서 질문을 하면 해당 내용에 대해서는 일부 대답할 수 있지만, 전체적인 흐름은 설명하기 힘들어한다. 한마디로 글 전체를 이해하는 이해의 틀을 갖고 있지 못하다는 것이다. 그렇기 때문에 글을 읽어도 어떻게 내용을 이해해야 할지 난감하고, 읽었던 글에 대하여 부모나 교사가 질문을 해도 어떻게 무엇을 대답해야 할지 모른다.

중요한 것과 덜 중요한 것을 알게 한다

이해의 틀이 있으면 글을 읽었을 때 중요한 것과 덜 중요한 것을 파악할 수 있다. 요점과 요점 아닌 것을 알고, 주요 사건과 덜 중요한 사건을 구분할 수 있다. 글을 읽고 내용에 관한 대답을 할 때도 덜 중요한 내용보다는 더 중요한 내용을 중심으로 이야기할 수 있다는 의미이다.

이해의 틀을 갖고 있지 못한 느린 학습자는 더 중요한 것이 무엇인지 파악하지 못한다. 그래서 글의 내용을 이야기해보라고 하면 처음부터 줄줄 읽어가면서 이야기를 열거하듯이 대답한다. 이해의 틀이 없는 상태에서는 숲을 보지 못하니 내용을 간추리지 못하고 눈에 보이는 나무를 하나하나 모두 언급하는 것이다.

이해의 틀이 없으면
- 중요한 것과 덜 중요한 것이 무엇인지 모른다.
- 내용을 말할 때 요약하지 못하고 글을 줄줄 읽어가면서 열거한다.
- 질문하는 사람의 의도를 파악하지 못하고 머뭇거린다.
- 글의 내용 중에서 무엇을 말해야 할지 알지 못한다.
- 부분만 기억하여 말한다.
- 전체 내용을 기억하지 못한다.

느린 학습자들이 이해의 틀을 배우게 되면 어떻게 될까? 또 글을 이해하는 방법을 다른 유형의 글 읽기에도 적용할 수 있을까? 물론이다. 단시간에 이해의 틀을 배울 수는 없겠지만, 시간을 두고 꾸준히 지도하다 보면 글을 이해하는 틀을 자신의 것으로 만들 수 있다. 느린 학습자들이 이해의 틀을 갖게 될 때 보이는 변화는 다음과 같다.

이해의 틀을 갖추면

- 글의 전체 내용을 머릿속에 그릴 수 있게 된다.
- 질문에 답하는 방법을 알게 된다.
- 중요한 것과 덜 중요한 것을 알게 된다.
- 글의 위계를 논리적으로 구성할 수 있게 된다.
- 글의 전체 내용을 알게 된다.
- 생각하는 순서를 알게 된다.
- 내용들을 서로 연관 지어 생각하게 된다.

이해의 틀을 가르치는 순서

느린 학습자에게 글을 이해하는 틀을 가르치는 것은 매우 중요한 의미가 있다. 눈앞에 있는 단편적인 사실이나 내용만 바라보던 좁은 관점에서 벗어나 전체를 바라보는 큰 시야를 갖도록 도와주기 때문이다. 글의 전체 내용을 알고, 그중 내가 지금 읽고 있는 내용이 어떤 상황이며 어떤 단계나 부분인지 파악하고, 부분들이 전체 내용을 구성하기 위해 어떻게 서로 관련되는지 이해하는 것은 사고력의 커다란 도약을 가져오는 것이다. 이해의 틀을 배움으로써 느린 학습자들은 본래 가지고 있는(눈앞에 놓인 것만 생각하던) 사고능력 혹은 인지능력의 한계를 극복하고 (전체와 부분의 관계를 논리적 관련성으로 생각할 수 있는) 더 높은 사고 단계로 나아갈 수 있게 될 것이다. 이것이야말로 우리가 느린 학습자들에게 진정으로 바라던 바다.

이해의 틀이 중요한 만큼 그것을 가르치는 방법도 중요하다. 사실상 논술학원이나 국어학원에서도 비슷한 교육을 하고 있다. 일부에서는 "가르쳐봤는데 소용이 없더라"라는 말을 할지도 모르겠다. 그러나 느린 학습자들에게 이해의 틀을 가르치는 것은 사고력의 지평을 넓히는 것이기 때문에 부분적으로 몇 가지 기술을 가르친다고 해서 효과를 보기는 어렵다. 느린 학습자에게는 가장 덜 조직화된 형태의 이해의 틀에서 시작하여 순차적으로 가장 조직화된 형태의 이해의 틀을 가르치는 방향으로 나아가야 한다.

가장 덜 조직화된 형태에 해당하는 이해의 틀은 '상상하기'이다. 상상하기는 이해하는 과정에서 매우 중요한 인지능력이다. 자신이 경험한 것을 단순히 되짚는 형태로 떠올리기보다 자신의 장기기억 속에 들어 있는 이미지 정보를 활용하는 능력이기 때문이다. 글을 읽을 때 자신의 장기기억 속에 들어있는 이미지 정보를 꺼내어 글의 내용과 관련지을 수 있게 되었다는 것은 글로 처음 알게 되는 내용도 무리 없이 이해할 수 있다는 뜻이다. 상상하기는 가장 기초단계의 이해능력이다.

그다음 단계는 어떤 한 문장을 듣고 그 문장 요소들 간의 역할을 파악하는 것인데, 보통은 육하원칙이라고 부르는 '누가, 언제, 어디서,

왜, 어떻게, 무엇을'을 이해하는 능력이다. 육하원칙을 이해한다는 것은 주어진 문장에 들어 있는 여러 요소가 각자 어떤 역할을 하는지 이해하는 것이다. 예를 들어 '진아가 경민이에게 선물을 주었다'라는 문장에서 '진아'는 주는 역할, '경민이'는 받는 역할, '선물'은 두 사람이 주고받는 물건, '주었다'는 진아가 한 행동을 가리킨다. '진아, 경민이, 선물, 주었다'는 각각 육하원칙 중에서 '누가, 무엇을, 어떻게'에 해당한다. 느린 학습자들은 육하원칙에 따라 문장 요소들의 역할을 구분하는 것이 쉽지 않다 보니 문장 이해력이 부족할 수밖에 없다.

세 번째 단계에서는 '스토리 그래머story grammar'를 가르쳐야 한다. 스토리 그래머는 이야기를 만드는 구조이면서, 이야기를 이끌어가는 흐름을 형성하는 기본 요소들을 말한다. 예를 들면 시간적 배경, 공간적 배경, 등장인물, 발단, 전개, 결말과 같은 이야기 요소들이 스토리 그래머를 만든다. 스토리 그래머는 단순한 이야기 구조를 넘어서 이야기 속의 여러 사건들과 인물들 간의 인과관계나 상호작용 등이 어떻게 관련되는지를 알게 해주는 중요한 요소이다. 스토리 그래머는 보통 유아기~초등 저학년 무렵에 발달한다. 이 시기에 보았던 이야기, 들었던 이야기, 읽었던 이야기를 스토리 그래머라는 간단한 구조로 머릿속에 입력하게 된다. 스토리 그래머라는 구조는 이야기의 줄거리를 만들기도 하고, 이야기 내에 들어 있는 원인과 결과를 연결할 순서를 제공하기도 한다. 스토리 그래머를 가진 아이들은 이야기의 흐름과 주인공들이 하는 행동의 이유를 알기 때문에 글을 흥미진진하게 읽어낼 수 있다. 보통 스토리 그래머는 이야기 글에 한정되며, 설명 글이나 의견을 드러내는 글을 이해하는 틀이 되지는 못한다.

그래서 마지막 단계로서 '그래픽 조직자graphic organizer'를 가르칠 필요가 있다. 그래픽 조직자는 글의 부분적인 내용을 여러 가지 그림이나 도표를 이용하여 체계적으로 정리하는 것을 말한다. 그래픽 조직자는 이야기 글뿐만 아니라 설명 글이나 의견 글에도 적용할 수 있어서 폭넓게 사용된다. 가끔 마인드맵이 그래픽 조직자에 해당하는지 질문 받을 때가 있다. 마인드맵도 그래픽 조직자에 포함될 수 있지만, 내용을 조직화하여 정리한다는 그래픽 조직자의 원래 의미로 보면 그리는 방법을 조금 고민해보아야 할 것이다. 마인드맵은 생각하는 것을 펼치고 확장하는 방식이다 보니 펼쳐놓은 생각들을 정리하고 조직화하는 과정이 한 번 더 필요해 그래픽 조직자와는 조금 다른 의미를 가질 수 있기 때문이다.

그림으로
상상하기

풍부한 상상력은 논리적 사고력 발달에 앞서 선행적으로 발달해야 하는 능력이다. 상상력은 자신이 겪지 않은 것을 머릿속으로 어떤 장소나 형태에 구애받지 않고 자유롭게 생각하는 것을 의미한다. 안타깝게도 느린 학습자들의 경우에 상상력이 부족한 편이고 상상력이 있다고 해도 그림이나 말로 적절하게 표현하기 어려워한다. 그러다 보니 어떤 생각을 자유롭게 펼쳐나가거나 다양한 생각을 연결 짓는 능력이 부족할 수밖에 없다.

느린 학습자들의 상상력 부족은 독서에서도 나타난다. 보통 책을 읽으면서 우리는 책에 나오는 내용을 상상해보고 자신의 경험과 연결해보기도 하는데, 상상력이 부족한 느린 학습자는 내용을 자기 나름대로 머릿속에 그려보거나 본인의 경험과 자발적으로 연결 지어 설명하는 것이 힘들다. 상상하기는 책읽기의 즐거움을 이끄는 중요한 요소이다. 책을 읽으면서 여러 가지 상상을 하는 것은 생각의 폭을 넓혀주고 현실 세계에서 실현하지 못하는 다양한 욕구를 충족시켜준다.

물론 나이 든 느린 학습자 중에는 지나치게 상상의 세계에 몰입하여 현실과 상상을 구분하지 못하는 경우도 있다. 이런 경우를 보며 느린 학습자도 상상하기를 잘한다고 생각할 수도 있겠지만 상상과 망상은 다르다. 현실 세계의 경험을 머릿속에서 재구성하여 이미지를 만들어내는 것이 아니라 인터넷이나 웹툰과 같은 허구세계의 경험이나 그림을 머릿속에서 재구성하여 이야기를 만드는 것은 현실 세계와 지나치게 동떨어진 망상이 될 수 있고 이는 병리적으로 다루어야 할 문제가 된다. 가끔 지나친 망상에 빠진 느린 학습자를 보고 상상력이 풍부하다고 여기는 경우가 있어 짚은 것일 뿐, 이 책에서 관심을 갖는 상상과 다른 문제이기 때문에 이에 대해 더는 다루지 않겠다.

다시 느린 학습자의 건전한 사고력과 이해력의 발달을 위한 과정으로서 상상하기에 대해 이야기해보자. 느린 학습자들의 상상하기는 책읽기에서 매우 중요한 사고 과정이 될 수 있다. 상상하기는 책의 내용을 더 잘 이해하고 책읽기의 즐거움에 다가갈 수 있도록 도와준다. 머릿속에 무엇을 떠올리거나 그것을 표현하는 능력에 한계가 있는 이들에게는 상상하기를 가르치는 쉬운 방법을 찾아야 한다. 이때 가장 쉽게 적용할 수 있는 방법이 그림이다. 우선 다른 사람들이 그린 그림을 살펴보는 과정부터 시작해 책읽기와 연관 지어 상상하는 단계로 발전시킬 수 있다.

그림에 관한 표상 만들기

처음부터 책을 읽고 자기 생각을 그림으로 그릴 수 있으면 좋겠지만, 느린 학습자에게는 쉽지 않은 일이다. 다음 단계를 밟아가며 연습하는 것이 필요하다.

- 1단계: 그림을 보고 말로 설명하기
- 2단계: 말로 설명한 것을 생각하며 보았던 그림 그리기
- 3단계: 자기가 보았던 그림과 자신이 생각해서 그린 그림의 차이점 비교하기

1단계는 그림을 보면서 모양이나 색깔 등 여러 특징을 말로 설명하는 과정이다. 뾰족한지 길쭉한지 노란색인지 빨간색인지 하나씩 살펴보면서 말하는 이 단계에서 느린 학습자들은 사물의 외적 특징을 이해하는 능력을 기를 수 있다. 2단계에서는 말로 설명하였던 것을 기억하여 그림으로 그려본다. 자신이 말하고 살펴보았던 것을 회상하여

그림으로 표현하는 능력을 기르는 과정이다. 그다음엔 자신이 처음에 보았던 그림과 자신이 생각해서 그린 그림을 함께 살펴보면서 어떻게 다른지를 말해본다. 이 과정은 자신이 대상의 어떤 점을 특징으로 눈여겨보아야 했었는지를 다시 한번 탐색할 수 있도록 도움을 줄 것이다.

그림을 보고 말로 설명한 다음 보지 않고 그리기

먼저 개미 그림을 보면서 하나하나 설명하게 한다.

자신이 설명한 것을 떠올리면서 그려보게 한다.

그림책에서 기억에 남는 장면 그리기

사물이나 대상을 살펴보고 기억해서 그리고 비교하는 과정을 연습하였다면 이제 느린 학습자들에게 그림책을 읽고 나서 기억에 남는 장면을 그려보는 과정을 연습하게 한다.

- 1단계: 그림책의 그림을 보면서 이야기 나누기, 소리 내어 읽기
- 2단계: 그림책 이야기 중에서 기억에 남는 장면 그려보기
- 3단계: 자신이 그린 그림에 관해 이야기 나누기

먼저 그림책의 그림을 보면서 이야기를 나눈 다음 전체 내용을 함께 소리 내어 읽어본다. 그다음엔 기억에 남는 한 장면을 골라 그려본다. 만약 아이가 그림을 보면서 그리고 싶다고 하면 허락한다. 아직 자기 생각을 종이 위에 그리는 것이 어려운 느린 학습자들에게는 아무래도 보고 그리는 것이 좀 더 쉽게 느껴질 것이다. 조금 능숙해지면 자유롭게 상상하여 그릴 수 있게 되니 느린 학습자가 하고자 하는 것을 허용하는 것이 좋다. 마지막 단계에서는 느린 학습자가 그린 이야기 속 그림을 보면서 함께 느낌이나 장면에 관해 이야기를 나눈다. 이 과정에서 느린 학습자의 머릿속에 그림에 대한 표상이 뚜렷해지고 자신의 언어표현과 표상된 내용을 연결 지어 생각하는 능력이 발달하게 된다.

그림을 그리는 도구는 다양하게 사용해도 좋다. 예를 들어 색종이 찢어 붙이기 등 이색적인 방법으로 표현할 수도 있다. 다만 느린 학습자가 스스로 다양한 도구를 선택해 활용하기는 쉽지 않으므로 가르치는 사람이 여러 사례를 모델링할 수 있도록 시범을 보이도록 한다.

상상하여 장면 그리기

그림책 읽고 그림 그리기를 다양하게 연습하였다면 이제 글로 된 책을 읽고 상상하여 장면을 그려보는 활동으로 넘어간다.

- 1단계: 글로 된 책을 소리 내어 읽기
- 2단계: 이야기 속 한 장면을 정해서 상상하여 그리기
- 3단계: 자신이 그린 장면에 관해 이야기 나누기

글 위주의 책은 그림책과 달리 삽화가 적기 때문에 독자가 자유롭게 상상하면서 읽어야 한다. 그러다 보니 장면을 머릿속으로 그리기 힘들어하는 느린 학습자들은 글로 된 책을 좋아하지 않는다. 또한 글자가 너무 많으면 오히려 주의력이 분산되어 머리가 무겁다고 느끼게 된다. 글자가 많은 책을 보면 저절로 눈이 감기면서 잠이 오는 느린 학습자도 있다. 그러나 일정 시간 글로 된 책을 읽는 연습을 하면서 경험을 쌓으면 주의집중 능력은 조금씩 향상된다. 이 과정을 견디고 나면 느린 학습자도 책 속 재미있는 세계를 즐길 수 있으니 얼마나 좋겠는가.

느린 학습자들의 책 읽는 수준을 높이려면 이 어려운 과정을 가급적 재미있게 경험하도록 도와주는 것이 필요하다. 책을 읽고 기억에 남는 장면을 그린 후 생각을 말로 다듬어보는 것도 같은 이유이다.

1단계에서는 느린 학습자의 책읽기 수준을 고려하되 글자가 많은 책을 선정하여 소리 내어 읽어보도록 한다. 다음은 이야기 속 장면을 그려보는 단계이다. 글로만 된 책을 읽을 때는 아무래도 처음부터 한 권을 다 읽는 것이 어렵기 때문에 조금씩 나눠 읽고 그때그때 읽은 내용 중에서 기억 나는 장면을 그림으로 그리는 연습을 해도 된다. 졸라맨 같은 단순 캐릭터 그림처럼 그리더라도 이를 허락하고 책의 내용과 관련된 그림을 그리도록 도움을 준다. 가끔 책의 내용과 관련 없는 상상의 내용을 그려보겠다고 고집하는 경우가 있는데 이 또한 과정이므로 무조건 제지하지 않는 것이 좋다. 다만 책의 수준이 적절했는지는 한 번 더 점검해볼 필요가 있다. 만약 느린 학습자가 그림을 어떻게 그려야 할지 몰라 당황해한다면, 가르치는 사람이 시범을 보이거나 다른 학생이 그린 그림을 보여주도록 한다. 느린 학습자들의 가장 큰 어려움이 스스로 생각하는 데 있으므로 초기 단계에는 시범을 보여주는 과정이 필요하다.

머릿속에 다양한 이미지를 떠올리는 능력을 길러야 하는 느린 학습자들에게 그림과 상상하기는 필수적인 과정일 수 있다. 느린 학습자들에게 무엇인가 질문을 했을 때 멍하고 초점 없는 눈으로 상대방을 바라보는 모습을 많이 보았을 것이다. 이때 느린 학습자의 머릿속은 백지처럼 하얗고 그 위에 아무런 그림이 없는 상태에 가깝다. 말하고 답하는 과정에서도 이러한데 책을 읽고 이해하는 과정은 어떻겠는가? 느린 학습자 중에는 책에서 등장인물의 우스꽝스러운 의성어나 행동에만 집중하거나 과장된 표정의 그림만 좋아하는 경우가 종종 있다. 책을 보라고 해도 페이지를 휙휙 넘겨 그런 장면만 골라 보는 모습을 보면 참으로 안타깝다. 느린 학습자가 진정으로 책읽기를 즐길 수 있게 하려면 그림으로 상상하기를 적극적으로 가르쳐야 한다. 종이 위에 그린 그림처럼 머릿속에서도 그림을 그릴 수 있도록 도와야 한다. 이 과정을 충분히 연습하고 나면 책 내용에 대한 이해력이 한층 높아질 것이다.

무엇,
왜,
어떻게

'무엇, 누구, 어디, 왜, 어떻게, 언제'를 우리는 의문사라고 부른다. 의문사가 포함된 질문은 대답하는 사람의 이해능력을 전제로 한다. 시간에 대한 이해, 사물에 대한 이해, 행동에 대한 이해, 장소에 대한 이해, 원인에 대한 이해를 할 수 있어야 의문사가 들어 있는 질문에 답할 수 있다. 안타깝게도 우리 느린 학습자들은 의문사가 들어간 질문에 답을 잘하지 못한다. 질문의 뜻을 잘 몰라서일 수도 있고, 내용을 잘 이해하지 못해서 그럴 수도 있다.

의문사를 이해하는 능력은 보통 만 5세 이전에 획득된다고 한다. 만 1세 정도의 유아들도 엄마가 "아빠 어디 있지?" 하고 물어보면 두리

번거리는 행동을 하는 것을 보아 이미 1세 무렵부터 의문사에 대한 이해력이 발달하기 시작하는 것을 알 수 있다. 많은 연구에서 의문사 이해 능력이 길러지는 데는 일정한 단계가 있다고 보고하였다. '무엇' '누구' '어디' '왜' '어떻게' '언제'의 순으로 발달한다는 것이다. '무엇' '누구' '어디'는 시각적으로 명확하게 가리킬 수 있으나, '왜' '어떻게' '언제'는 보이지 않는 이유, 행동이나 상태, 시간을 묻기 때문일 것이다.

의문 이해 능력의 발달 순서

무엇→누구→어디 → 왜→어떻게→언제
（눈에 보임）　　　　　　　（눈에 보이지 않음）

그런데 느린 학습자들은 조금 다른 양상을 보인다. 글을 읽을 때의 모습을 보면 '언제'에 관한 질문에는 비교적 대답을 잘하는 편이다. 반면에 '왜'와 '어떻게'에 관한 질문은 어려워한다. 실제로 느린 학습자들에게 다음에 등장할 문장을 제시하고 누가, 언제, 어디서, 어떻게, 무엇을, 왜 같은 의문사가 있는 질문을 해보았을 때 '누가' '무엇을' '언제' '어디서'와 관련된 질문보다는 '왜'나 '어떻게'를 묻는 질문에 답을 잘 못 했다. 사실 글에서는 '언제'를 나타내는 말들이 비교적 명시적으로 드러나 있는 경우가 많다. '그날'이나 '토요일 오후', '여름 방학 때' 등 시기를 분명하게 알려주는 낱말들이 사용되기 때문에 글에서 언제인지를 알아내는 데는 추리력이 크게 필요하지 않다. 물론 명시적으로 드러나지 않는 문장에서 '언제'를 묻는다면 답하기 어려울 것이다. 겉으로 드러나지 않는 시기를 묻는 질문은 글 속에서 관련 낱말을 찾는 과정이 아니라, 문맥 속에서 추리하는 능력이 요구되기 때문이다. 다음은 한 문장을 바탕으로 의문사를 잘 이해하는지 파악하기 위한 질문이다.

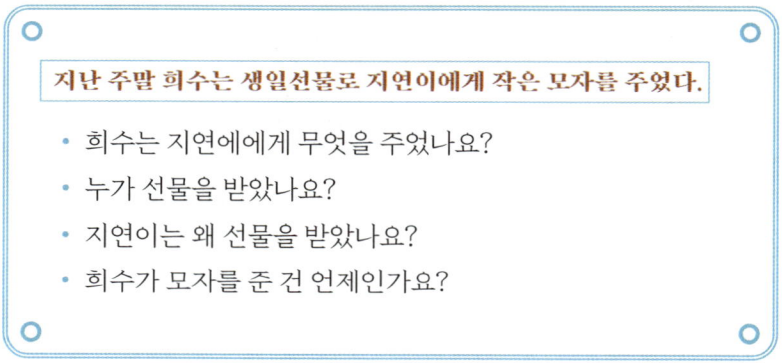

의문사 이해를 지도하는 방법

느린 학습자에게 6가지 의문사가 있는 질문으로 이해력을 기르게 하려면 유념해야 하는 부분이 있다. 느린 학습자는 문장 수와 길이를 순차적으로 늘려가면서 지도해야 한다. 먼저 간단한 한 문장을 제시하고 의문사가 있는 질문에 답하는 연습을 한 다음, 두 문장을 제시하고 다시 의문사가 있는 질문에 답하는 연습을 한다. 이렇게 단계적으로 나아가면서 의문사 질문에 답하는 연습을 이어간다.

〈한 문장 단계〉

| 어머니는 다음 주에 중국 출장을 가시기 위해 밤늦게까지 회사에서 일을 하셨다. |

누가 _____
언제 _____
어디서 _____
무엇을 _____
왜 _____
어떻게 _____

〈두 문장 단계〉

| 어제는 비가 세차게 왔다. 어머니가 논에 나가 보니 벼들이 모두 누워 있었다. |

누가 _____
언제 _____
어디서 _____
무엇을 _____
왜 _____
어떻게 _____

〈짧은 문단 단계〉

> 어제는 제일 친한 친구가 전학을 갔다. 해외 파견을 가시는 아빠를 따라 외국으로 이사를 간다고 하였다. 유치원 때부터 단짝으로 지낸 친구인데, 이제부터 만나지 못한다고 생각하니 마음이 너무 아팠다. 메신저로 자주 연락하자고 했지만 매일 만나서 함께 놀지는 못할 것이다. 5년이 지나서 돌아온다고 하였지만 그때는 우리가 고등학생이 되어서 서먹할 것 같다.

누가 _____
언제 _____
어디서 _____
무엇을 _____
왜 _____
어떻게 _____

글의 내용을 이해하는 과정에서 '누가', '무엇', '어디서', '언제'와 같은 의문사가 들어간 질문에 답하기 위해서는 글에서 관련된 낱말을 찾아내는 연습이 필요하지만, '어떻게'나 '왜'와 같은 의문사가 들어간 질문에 답하려면 추리력이 필요하다. 이 점을 참고하여 관련 낱말을 찾아내거나 관련 내용 속에서 추리하는 연습을 꾸준히 하면 글에 대한 이해력을 기를 수 있다.

스토리 그래머

앞에서 잠깐 설명했듯이 스토리 그래머는 이야기 글의 기본적인 구조이다. 스토리 그래머를 활용하는 사람들은 글을 읽고 나서 글의 중요한 요소들을 잘 기억하고, 그것을 기초로 이야기의 내용을 잘 표상할 수 있다. 스토리 그래머에는 보통 다음과 같은 것들이 포함된다.

- 시간적 배경: 이야기의 시간적 또는 시대적 배경
- 공간적 배경: 이야기가 펼쳐지는 장소
- 등장인물: 이야기를 이끌어가는 중요 인물
- 시초사건: 이야기를 이끌어가는 주요 원인이 되는 사건

- 전개: 시초사건에 의해 만들어지는 사건의 흐름
- 결과: 시초사건이 해결되는 것
- 마무리: 이야기가 마무리되는 것

느린 학습자들은 이야기 속 시간적 배경이나 공간적 배경, 등장인물 등은 그래도 잘 기억하지만, 이야기를 이끌어가는 주요 사건이나 이야기가 어떤 결과에 도달했는지 등은 잘 모른다. 스토리 그래머를 머릿속에 정확하게 갖고 있지 못하기 때문이다. 그래서 느린 학습자들은 이야기로 된 글을 좋아하지 않고 이야기의 전체 흐름과 관계없어 보이는 지엽적인 것, 예를 들어 눈에 띄는 주인공의 어떤 행동 등을 잘 기억하는 편이다.

어려서부터 부모와 함께 책을 자주 읽고 이야기를 나눈 경험이 풍부한 느린 학습자들은 스토리 그래머를 잘 파악하기도 한다. 함께 책을 읽고 내용에 관해 충분히 이야기를 나누면서 인물들이 어떻게 상호작용하는지, 시공간 배경이 사건에 어떤 영향을 미치는지 등을 알게 된 것이다. 따라서 스토리 그래머를 정확하게 가지고 있지 않은 느린 학습자라고 해도 해당 이해의 틀을 배우고 익히면 스스로 이야기를 이해하고 기억할 수 있게 된다.

스토리 그래머 익히기

느린 학습자들은 듣기만 해서 무엇인가를 배우기는 어려우므로 이들과 학습할 때는 그림 그리는 도구를 준비하는 것이 좋다. 화이트보드나 종이는 느린 학습자들에게 무엇인가를 설명할 때 유용한 도구이다. 해당 도구에 다음 그림을 그려보도록 하자.

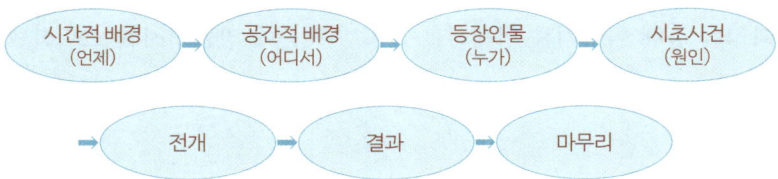

스토리 그래머를 그린 다음에는 「토끼와 거북이」처럼 우리가 잘 알고 있는 이야기를 이용해 해당되는 부분을 손으로 짚어가며 알려준다.

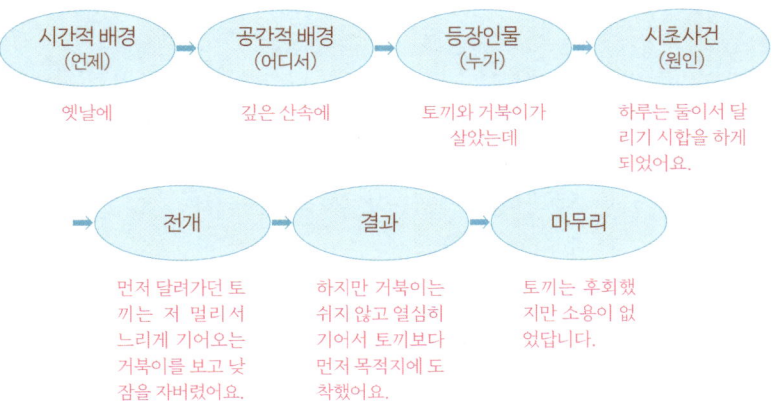

6. 읽기를 위한 이해의 틀

스토리 그래머와 이야기의 부분을 연결하는 시범을 보여준 다음에는 느린 학습자도 똑같이 각 부분을 짚어보며 설명하도록 한다. 만약 각 부분에서 어떻게 말해야 하는지 잘 몰라 머뭇거린다면, 좀 더 자세하게 이야기하고 그 부분에 어떤 내용이 와야 하는지 설명해주면 된다. 스토리 그래머를 충분히 이해한 것 같으면 이번에는 느린 학습자가 평소 좋아하거나 자주 읽었던 이야기를 가지고 스토리 그래머에 맞춰 말하는 연습을 한다. 짧은 문단 글을 가지고 연습해도 된다. 이 과정을 통해 이야기를 이해하는 틀이 머릿속에 만들어지면 스토리텔링 형식의 글을 좀 더 잘 이해할 수 있게 된다.

이야기 글의 기본 구조인
스토리 그래머를 통해
우리는 이야기의 배경과
인물, 사건의 발단, 전개, 마무리 등
전체 흐름을 이해할 수 있다.

느린 학습자에게
글을 이해하는 틀을 가르치는 것은
매우 중요한 의미가 있다.
눈앞에 있는 단편적인 사실이나
내용만 바라보던
좁은 관점에서 벗어나
전체를 바라보는 큰 시야를 갖도록
도와주기 때문이다.

스토리 그래머에 맞춰 말하기

느린 학습자가 스토리 그래머를 익혔다면 이를 일상생활에도 적용해보게 하자. 학교에서 있었던 일이나 놀러간 일, 동생과 다툰 일을 말할 때에도 스토리 그래머에 맞추어 말해보는 것이다.

▷예시 **학교생활 이야기 전달하기**

시간적 배경: 오늘 5교시에
공간적 배경: 컴퓨터실에서
등장인물: 수영이가
시초사건: 컴퓨터로 몰래 게임을 하다가

> **전개**: 선생님이 그걸 보시고
> **결과**: 야단을 치셨다.
> **마무리**: 수영이는 수업시간 내내 교실 뒤에 서 있었다.

이렇듯 스토리 그래머는 일상적인 일을 나눌 때도 도움이 된다. 그동안 학교생활에 대하여 부모님이 물어도 "몰라요."라고 얼버무리던 느린 학습자들이 스토리 그래머에 맞춰 이야기할 수 있게 되면 나누는 대화가 달라지고 자녀와 부모 사이도 더 가까워지게 된다. 스토리 그래머를 머릿속에 갖춘 느린 학습자는 언제든 일상 이야기를 할 수 있으므로 예전과 다르게 수다쟁이의 면모를 보여주기도 한다.

느린 학습자가 스토리 그래머 자체를 이해하고 기억하는 것이 쉽지는 않다. 그러나 연습을 통해 익숙해지면 공부에도 도움이 된다. 질문에 답을 하는 방법을 터득하게 되고 책을 읽을 때도 자연스럽게 전체 내용을 파악할 수 있게 된다. 전체 내용을 알고 나서 세부적인 내용에 관하여 살펴보는 법을 배우는 것이 더 쉽다는 것을 느린 학습자도 깨닫게 될 것이다.

그래픽 조직자

　　그래픽 조직자는 글이나 말하고자 하는 내용을 논리적 관계에 기초하여 시각 및 언어로 표현한 것이다. 마인드맵, 조직도, 시간표 등과 같이 표나 그림으로 간단하게 영역을 만들고, 그 속에 글을 적절하게 적어 넣어서 전달하고자 하는 내용을 간단하게 표현하는 형태를 말한다. 아래의 예시처럼 생물 아래에 동물과 식물을 적고, 그 밑에 동물의 종류, 식물의 종류를 적어 넣는 것도 그래픽 조직자이다.

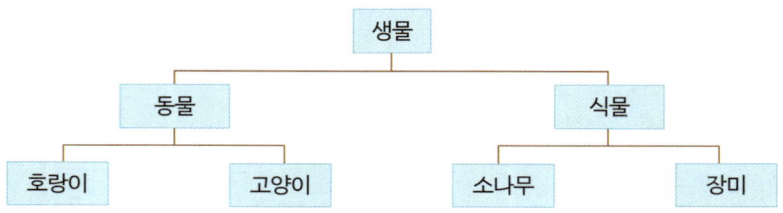

이렇게 그림과 표, 글을 이용하여 만든 그래픽 조직자는 굳이 긴 글로 풀어 설명하지 않아도 말하고자 하는 내용을 한눈에 알아볼 수 있도록 해준다. 핵심적인 내용들을 중심으로 세부 내용들 간의 논리적 관계를 잘 표현하고 있어서 글을 쉽게 파악하도록 돕는 이해의 틀이다.

그래픽 조직자와 비슷한 성격의 표현방법에 비주얼 씽킹visual thinking 기법이 있다. 비주얼 씽킹은 이모티콘 같은 간단한 그림과 글을 적어 넣어서 전달하고자 하는 내용을 정리하는 것이다. 자신의 생각이나 의견 또는 글이나 책의 내용을 정리할 때 사용할 수 있는데, 시각적으로 재미있고 한눈에 알아보기 쉽다는 점에서 장차 우리 느린 학습자들도 시도해볼 만한 표현 방법이라고 생각한다. 하지만 말로든 그림으로든 자신의 생각을 표현하는 데 어려움을 겪는 느린 학습자가 처음부터 비주얼 씽킹을 시도하기는 쉽지 않아 보인다. 또한 비주얼 씽킹 방식으로 표현했을 경우에 중요한 것과 덜 중요한 것을 한눈에 구분하기 어렵고, 이해하는 사람이 다시 한번 조직화하여 생각해야 한다는 점이 아쉽다. 재미있게 표현할 수 있는 비주얼 씽킹 기법이 학습의 흥미를 높일 수 있는 것은 사실이지만, 느린 학습자 입장에서는 좀 더 논리적으로 생각하는 그래픽 조직자를 활용하여 생각하고 이해하는 능력을 향상시키는 것이 더 적절하다. 그래픽 조직자를 어느 정도 자유롭게 사용할 수 있게 되거나 글에 대한 이해력이 높아진다면 그때 가서 비주얼 씽킹을 시도해보아도 좋을 것이다.

산업 혁명 후 사회변화에 관해 중학교 3학년이 그린 비주얼 씽킹

느린 학습자들은 글을 읽고 나서 무엇이 중요한지를 물었을 때, 중요하지 않은 세부 정보나 관련 없는 정보에 더 관심을 보이곤 한다. 가르치는 사람이 힌트를 주어도 핵심이 무엇인지 알지 못해 이리저리 헤매는 모습을 자주 보인다. 그래픽 조직자는 이러한 어려움이 있는 느린 학습자가 핵심적인 내용을 찾아서 정리하는 기술을 배우도록 도와준다. 개념과 개념들 사이의 위계적 관계를 시각화하고, 연속적인 사건들을 순서 있는 일련의 그림으로 파악하게 하며, 의미 있고 중요한 것과 부수적이고 덜 중요한 내용을 구분하고 중요한 것을 찾아내어 정리하는 방법을 알려준다. 지나치게 부분적인 내용에만 관심을 두고 중요하고 큰 뼈대를 이루는 내용을 파악하지 못하는 느린 학습자들이 전체 내용과 부분적인 사항들을 구분하는 눈을 갖게 될 수 있다.

이처럼 그래픽 조직자는 느린 학습자들이 읽었던 정보들을 머릿속에 입력하는 단계에서 체계적으로 정리하여 저장하도록 도와준다.

정보의 입력단계에서 명확하게 내용들 간의 관계를 정리해주기 때문에, 장기기억 내부에서 정보들은 서로 관련지어 유지되고, 우리가 필요한 경우 쉽게 인출하여 사용할 수 있다. 미국의 심리학자 배들리[1]는 성공적인 정보의 인출이 분명하고 확실한 정보의 입력에 달려 있다고 하였다. 즉 머릿속에 정보를 받아들이는 단계에서 분명하고 정확하게 입력되는 것이 중요하며, 그래야 자신이 가지고 있는 정보를 꺼내어 사용하기 쉽다는 것이다. 이런 점에서 그래픽 조직자는 복잡하고 이해하기 어려운 글을 쉽고 분명하게 머릿속에 입력할 수 있도록 도울 것이다. 2004년 강옥려 교수의 연구보고에서도 학습장애와 학습부진 학생들의 독해력 향상을 위해 그래픽 조직자의 사용이 효과적이라고 강조된 바 있다. 그 외에도 여러 연구자들이 느린 학습자들의 독해력 향상을 위해 그래픽 조직자의 활용이 유용하다는 점을 확인해 왔다. 따라서 느린 학습자들이 글에 대한 이해력을 향상하도록 적극적으로 그래픽 조직자를 가르칠 필요가 있다.

그래픽 조직자의 유형

그림이나 도표와 같은 형식으로 글의 내용을 정리하는 도구인 그래픽 조직자는 사용하는 사람에 따라 다양하고 창의적인 형태로 표현

---

[1] Alan Baddeley, 1996.

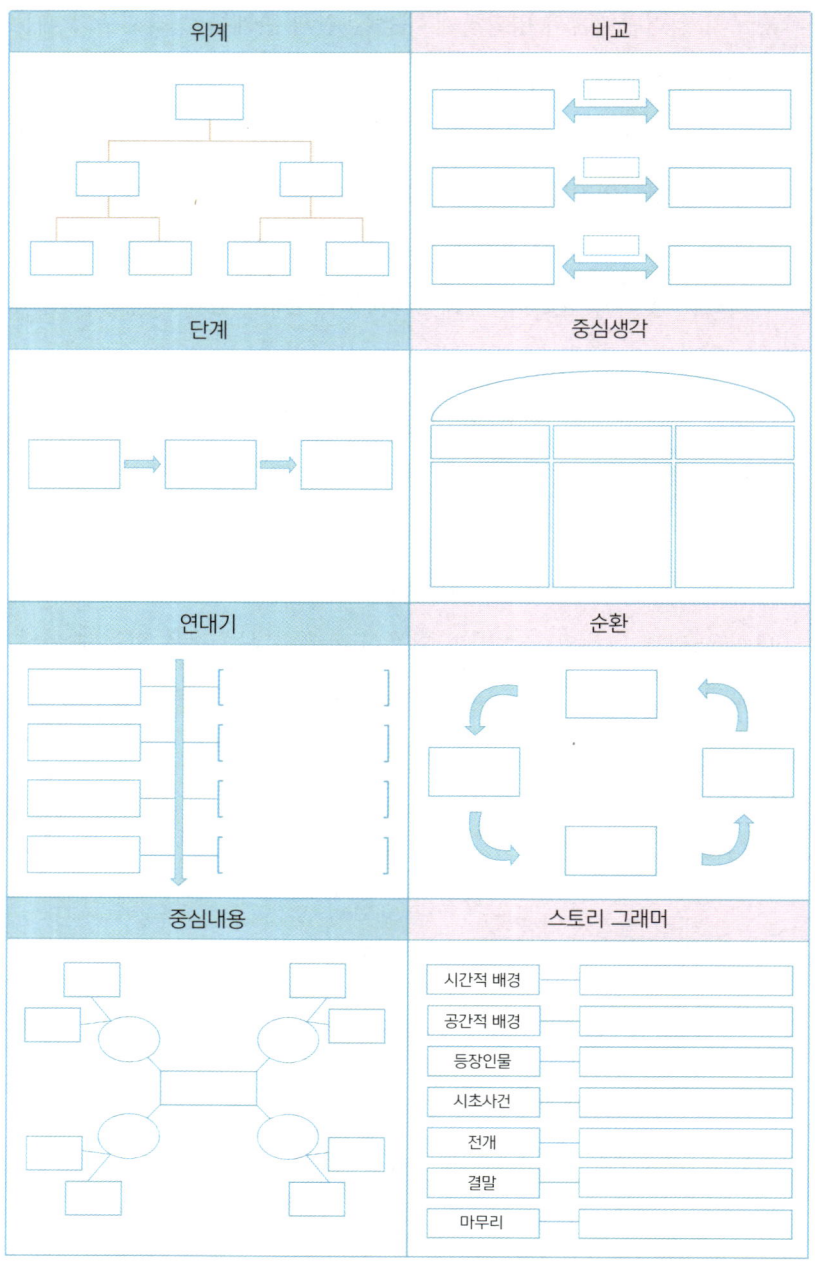

할 수 있다. 하지만 지나치게 장식이 많고 복잡하게 그려지면 느린 학습자들의 주의력을 분산시켜서 오히려 글을 이해하는 데 방해 요소로 작용할 수 있다. 느린 학습자들을 위한 그래픽 조직자는 되도록 간결하고 장식적인 요소가 적은 편이 좋다.

자주 사용될 수 있을 것으로 생각되는 그래픽 조직자를 소개한다. 위계, 비교, 단계(순서), 중심생각, 연대기, 순환, 중심내용, 스토리 그래머 등 8가지이다. 앞서 스토리 그래머를 다루기는 했지만 이를 시각화하여 공부하지는 않았기 때문에, 여기에서는 그래픽 조직자로서의 스토리 그래머를 알아보고자 한다.

위계

위계는 등급이나 수준이 있는 개념 또는 조직을 설명하고자 할 때 사용한다. 예를 들어, 생물과 동식물처럼 상위개념과 하위개념이 존재하는 것을 설명하고자 할 때 용이하다. 생물이 상위개념이고, 동식물이 하위개념이므로, 상위개념은 위층에 하위개념을 아래층에 기록하면 된다.

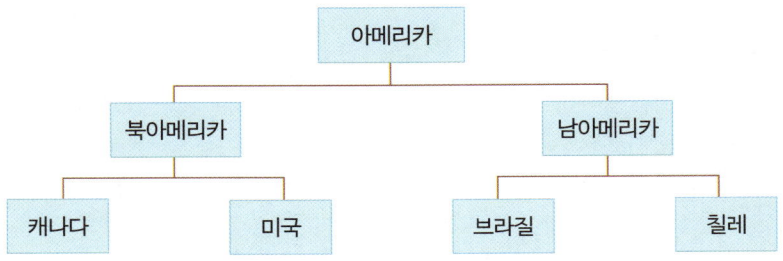

비교는 두 가지 대상을 동시에 놓고 견주어 보고자 할 때 사용하는 그래픽 조직자이다. 비교하고자 하는 기준을 가운데 화살표 상자에 적고, 비교하는 두 대상의 특징은 화살표 양쪽 상자에 적어 넣으면 된다. 3개 이상의 대상을 비교하고자 할 때는 표를 이용하는 것이 더 나을 것이다.

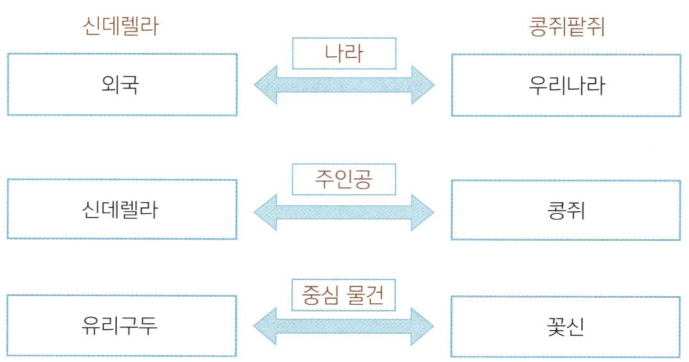

단계

절차나 순서가 있는 내용은 단계 그래픽 조직자를 사용한다. 가로 또는 세로 방향 모두 가능하다. 요리하는 순서, 여행하는 순서, 공부하는 순서 등과 같이 차례대로 변화하거나 해야 하는 일들을 간단하게 정리할 수 있다.

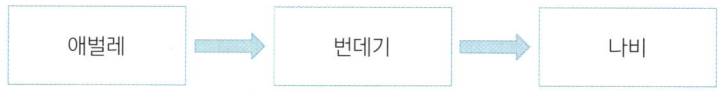

중심생각

　중심생각은 글을 쓴 사람이 주로 말하고 싶은 내용과 그 근거 또는 이유를 정리할 때 유용한 그래픽 조직자이다. 글쓴이의 중심생각을 맨 위에 쓰고, 아래 상자 안에 이유나 근거를 구분하여 정리하면 된다. 중심생각은 주제나 요약한 내용이 될 수도 있다.

크라우드 펀딩은 티끌 모아 태산이다.		
크라우드 펀딩이 필요한 이유	크라우드 펀딩의 뜻	크라우드 펀딩을 하는 방법
발명품을 만들거나 사람들에게 도움이 될 좋은 생각을 실현할 수 있기 때문이다.	크라우드+펀딩: 불특정 다수를 대상으로 투자를 받는 일	인터넷에 아이디어를 올리면 그중 마음에 드는 아이디어에 원하는 만큼 돈을 낸다.

연대기

　연대기는 역사적 사실이나 시간 순서에 따라 무슨 일을 했는지 정리하고자 할 때 유용하다. 사건과 시간을 순서대로 정리하여 한눈에 보기 쉽게 정리하는 것이다. 이야기 속 내용이 시간의 흐름에 따라 어떻게 진행되었는지를 파악거나, 이야기 속 사건을 시간 순서대로 보기에도 좋다. 역사 이야기를 좋아하는 느린 학습자들이 자주 사용하는 그래픽 조직자이다.

순환

벼의 한살이처럼 순환적으로 반복되는 사건이나 상황을 정리할 때 사용한다. 벼의 한살이는 볍씨에서 시작하여 싹이 트고 성장하여 열매를 맺은 뒤 다시 씨를 얻게 되고 새로운 생장이 시작되는 것이다. 어느 단계에서 끝나는 것이 아니고 다시 시작점으로 돌아가서 새로운 전개를 하게 된다. 순환 도표는 이렇게 되풀이되는 과정을 한눈으로 보고 이해할 수 있게 해준다.

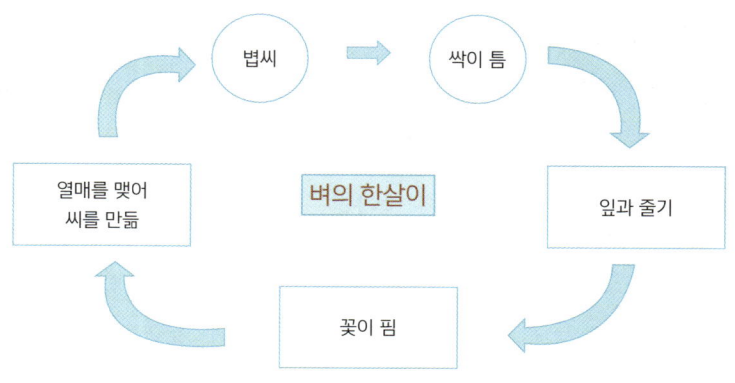

중심내용

중심내용은 하나의 주제 아래 여러 가지 영역별로 설명할 것이 많을 때 사용하면 좋다. 하지만 너무 복잡하게 그려질 수 있기 때문에 반드시 그래픽을 말로 설명하면서 정리하는 시간을 가져야 한다. 그렇지 않으면 느린 학습자 입장에서 정리만 했을 뿐 머릿속에 내용이 남아 있지 않게 된다. 느린 학습자에게 지나치게 복잡한 그림은 본인이 자발적으로 사용할 수 있는 것이 아니라면 가르치는 과정에서는 큰 의미가 없다.

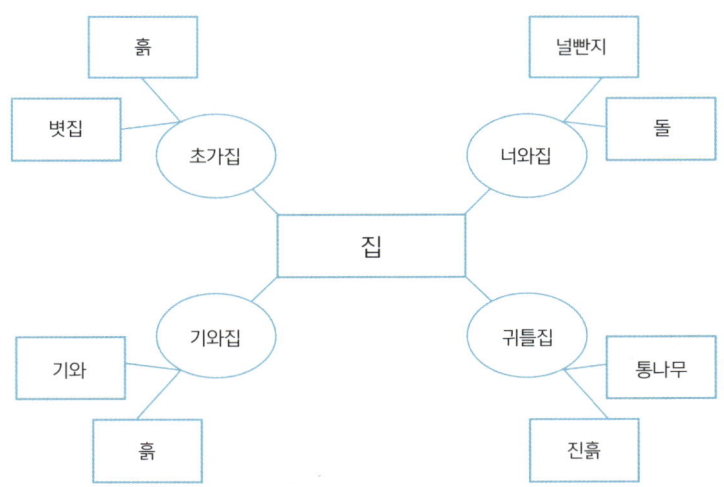

스토리 그래머

스토리 그래머도 그래픽 조직자로 그려보면 더욱 좋다. 단순히 말로 설명하는 것보다 자신이 말한 것을 시각적으로 정리하여 한눈에 볼 수 있다면 읽었던 책의 내용이 한눈에 들어올 것이기 때문이다. 이 과정은 자연스럽게 이야기 속 원인과 결과를 생각해볼 수 있도록 하기 때문에 인과관계를 잘 찾지 못하는 느린 학습자들에게 유용하다.

아래의 자료는 중학교 1학년 느린 학습자인 서영이(가명)가 책 『우당탕탕, 할머니 귀가 커졌어요』[2]를 읽고 정리한 것이다. 이야기 속 아이들이 아래층 할머니가 화낼까 봐 생쥐처럼 기어 다니고 입을 쿠션으로 막는 행동을 하였는데, 서영이는 이러한 행동을 '입틀막'이라는 표현을 써서 정리하였다.

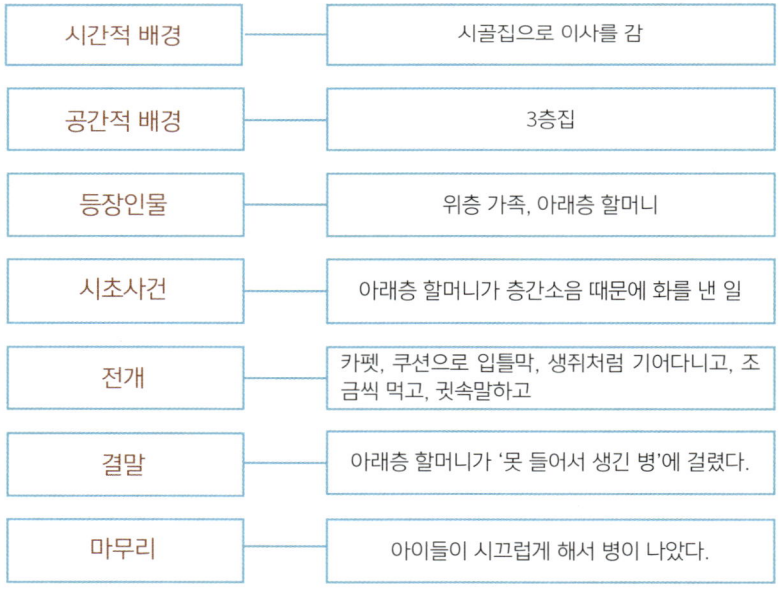

---

[2] 엘리자베트 슈티메르트 글, 카를리네 케르 그림, 유혜자 옮김, 비룡소, 1999.

그래픽 조직자를 가르치는 방법

강옥려 교수는 느린 학습자들에게 그래픽 조직자를 가르칠 때 학생이 구성한 것을 사용하는 것보다 연구자들이 구성한 것을 사용하면 학습에 더 효과적이라고 하였다. 이는 그래픽 조직자를 구성하는 기술이 능숙하지 않은 학생들보다 능숙한 사람이 제시한 형태를 적용하는 게 더 효과적이라는 의미이다. 느린 학습자들이 직접 그래픽 조직자를 사용하여 글 읽기 이해능력을 향상시키려면 어느 정도 능숙하게 구성할 수 있어야 할 것이다. 우선 그래픽 조직자를 잘 이해하고 있는 사람이 먼저 시범을 보이면서 느린 학습자들을 가르치도록 한다.

- 1단계: 주어진 글에 적합한 그래픽 조직자 선택하기
- 2단계: 그래픽 조직자의 각 부분에 들어가야 하는 내용 설명하기
- 3단계: 주어진 글 속에 있는 내용을 선택하여 각 그래픽 조직자 채우기
- 4단계: 그래픽 조직자를 보면서 어떤 내용인지 말로 설명하기
- 5단계: 비슷한 유형의 글을 선택하여 학생이 스스로 그래픽 조직자 완성하기
- 6단계: 학생이 완성한 그래픽 조직자를 보면서 이야기 나누기

먼저 주로 사용하게 될 그래픽 조직자의 형태를 몇 가지 준비한 다음, 1단계에서 어떤 그래픽 조직자를 선택할 것인지를 학생과 의논한다. 글의 유형과 선택한 그래픽 조직자의 적절성을 함께 이야기 나

눈다. 2단계에서는 그래픽 조직자의 각 부분에 어떤 내용을 넣을지 설명한다. 예를 들어 아래 그림과 같은 그래픽 조직자를 사용하여 가르친다면, A영역, B영역, C영역에 어떤 내용이 들어가는지 설명하는 것이다. 그런 다음 3단계는 글을 보면서 관련 내용을 채워 넣으면 된다.

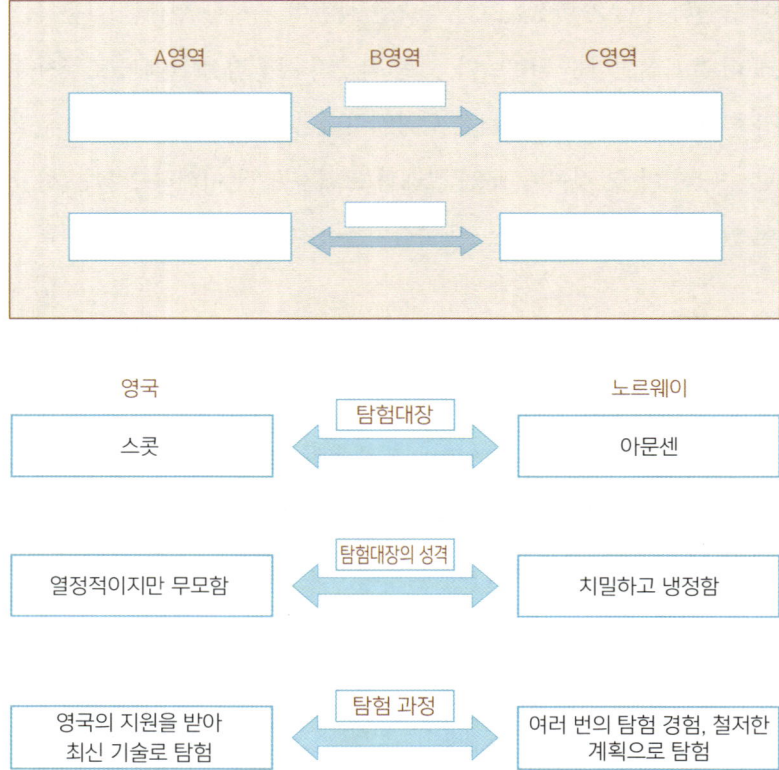

위의 그래픽 조직자에 채워진 내용은 영국 출신의 탐험가 스콧과 노르웨이 출신의 탐험가 아문센을 비교한 것이다. 각 영역에 해당되

는 내용이 들어가야 한다는 것을 설명하고, 함께 글을 읽으면서 적절한 내용을 찾는다. 이 과정에서 글의 전체 내용을 정리하고 핵심적인 요소들을 찾아내는 연습을 할 수 있다.

4단계에서는 완성한 그래픽 조직자를 보면서, 학생들이 자신의 말로 내용을 정리하여 설명하도록 한다. 이 과정에서 말하는 순서를 알려주면 더 효과적으로 말하기 연습을 할 수 있다. 학생이 설명을 마치면 스스로 잘했다고 느끼는지 이야기해보도록 하여 자존감을 향상하는 시간을 마련하는 것도 반드시 필요하다.

5단계에서는 새로운 글을 주고 앞에서 사용한 그래픽 조직자와 같은 방식으로 내용을 채워보게 하는 것이다. 이때 그래픽 조직자는 앞 단계의 유형과 동일한 것을 사용해야 한다. 아직 익숙하지 않은 느린 학습자들에게 반복적으로 연습하는 것이 도움이 되기 때문이다.

6단계는 앞서 4단계와 마찬가지로 자신이 완성한 그래픽 조직자를 보면서 말로 내용을 정리하여 설명하도록 한다. 이러한 전체 과정은 글에서 중요하게 살펴봐야 하는 것이 무엇인지를 인식할 수 있게 해주고, 그래픽 조직자와 같이 논리적으로 구성된 형태를 사용하여 글의 내용을 정리하는 능력을 길러준다.

지금까지 느린 학습자들이 글을 읽고 그 내용을 이해할 수 있도록 돕는 여러 가지 방법에 관하여 설명하였다. 되도록 쉽게 풀어서 설명하고자 하였으나, 경우에 따라서는 과연 이런 것들을 느린 학습자들이 할 수 있을까 걱정이 앞설지도 모르겠다. 분명한 것은 여기 소개한 방법들은 모두 느린 학습자들에게 실제로 적용해보면서 크게 효과를 보았던 방법들이라는 점이다.

느린 학습자들은 글을 읽으면 내용이 부분적으로만 이해되어 전체 내용을 스스로 정리하기 어려워한다. 마치 흩어진 퍼즐 조각처럼 하나의 그림이 되지 못하고 남는 것이다. 이 장에서 설명한 내용은 느린 학습자가 퍼즐을 조각조각 들고 있는 것이 아니라 하나의 틀에 끼워 완성할 수 있도록 정리하고 체계화하는 방법들이다. 어렵다 생각하지 말고 차근차근 설명하여 잘 익힐 수 있게 도와주어야 한다. 느린 학습자들이 글을 보아도 더는 두렵지 않도록 말이다.

그림과 표, 글을 이용하여 만든
그래픽 조직자는 굳이 긴 글로 풀어
설명하지 않아도
말하고자 하는 내용을
한눈에 알아볼 수 있도록 해준다.

그래픽 조직자는
핵심적인 내용들을 중심으로
내용들 간의 논리적 관계를
잘 표현하고 있어서
글을 쉽게 파악하도록 해준다.

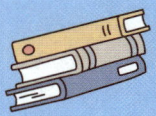

Part 7.

느린 학습자를 위한 글쓰기

느린 학습자는 말하기와 생각하기를 동시에 하기 어려워한다. 생각하는 속도가 빠르지 않기 때문에 글로 생각을 정리하는 연습을 하면 말하기 개선에도 도움이 된다.

느린 학습자가
글쓰기를
해야 하는
이유

글쓰기는 머릿속에 있는 생각이나 의견을 글로 옮기는 것이다. 생각하는 과정과 글씨를 쓰는 과정이 모두 요구되는 행위이다. 느린 학습자들은 생각하는 것을 어려워한다. 또한 소근육 협응 및 조절력이 부족한 경우가 많다 보니 글씨 쓰는 일을 또래보다 훨씬 힘들어하고 하기 싫다고 생각한다. 하지만 학습이나 사고력과 관련된 지도를 할 때는 반드시 느린 학습자들에게 글쓰기를 하도록 지도하는 편이다. 왜냐하면 글쓰기는 말하기보다 느리게 진행되기 때문에 어렵더라도 생각을 가다듬고 차근차근 정리하는 데 도움이 되기 때문이다.

느린 학습자의 가장 큰 어려움 중 하나는 자기 생각을 말로 적절히 표현하는 것이다. 그로 인해 학습은 물론이고 대인관계도 원활하지 않게 흐를 때가 많다. 수업 시간에 질문을 받아도 어물어물하다가 제대로 답을 못 하고, 친구들과 말을 재치있게 주고받지 못하기 때문에 대화나 놀이에 끼지 못하기도 한다. 억울한 일이 있어도 시원하게 그게 아니라고 주장하지 못하고, 자기 생각을 말하고 싶어도 맥락에 맞지 않는 낱말을 사용하거나 전혀 다른 의미의 낱말을 사용하여 이야기하다 보니 이상한 아이라는 오해를 받고 억울할 때가 한두 번이 아니다. 자기 생각을 말로 잘 표현할 수만 있다면, 학교에서 있었던 일을 궁금해하는 부모님과도 재미나게 나누고 친구들이 자신을 오해할 때 자신 있고 정확하게 주장하게 될 것이다. 그러면 속상할 일도, 억울할 일도 줄어들 것이다.

느린 학습자는 생각하는 속도가 느리기 때문에 말로 자신의 생각을 곧장 표현하는 것보다 글로 생각을 정리한 다음 말로 표현하는 것이 더 큰 도움이 된다. 말로도 자기 표현을 못하는데, 글로 표현하는 것을 어떻게 가르치나 싶겠지만, 그렇지 않다. 느린 학습자들에게는 오히려 글이 말보다 쉬운 면이 있다. 글쓰기를 하면 느린 학습자들의 여러 가지 어려움을 좀더 효과적으로 극복할 수 있게 되는 것이다.

- 말하기는 말하면서 동시에 생각하는 활동이다. 느린 학습자들은 말하고 생각하기를 동시에 하기 어렵다.
- 글로 써보면 문장 표현에서 무엇이 부족한지 확인하고 개선

할 수 있다.
- 글을 쓰면서 다른 사람의 좋은 표현을 배울 수 있다.
- 생각하는 양이 많아진다. (느린 학습자들은 한 번에 생각할 수 있는 분량이 적다. 그러므로 글쓰기를 통해 생각을 키우도록 도와야 한다.)

말하기 전에 먼저 생각하는 연습을 할 수 있다

말하기는 생각과 말하기가 함께 일어나는 일종의 동시처리과정이다. 머릿속으로 생각하고 입으로 말하는 과정을 거의 같이 해야 하기 때문이다. 하지만 느린 학습자는 동시에 어떤 일을 빨리빨리 하기 어렵다. 생각하는 것 하나만 하기도 어려운데, 말하기를 동시에 하라는 것은 정말 버거운 일이다. 물론 익숙한 것에 관해서는 생각할 필요도 없이 말하기가 자동적으로 이루어져 비교적 술술 이야기하지만, 생각해본 적이 없는 질문을 받으면 생각하면서 동시에 말하기를 몹시 난감해한다.

글쓰기는 이런 느린 학습자들이 먼저 생각하고 그것을 글로 정리한 다음 말하기를 해보는 과정을 연습할 수 있게 도와준다. 생각하면서 동시에 말할 필요가 없는 것이다. 생각하기 과정에서는 두서없이 이것저것 떠올려보면 된다. 어딘가에 갔던 일, 거기서 했던 일, 보았던 것, 먹었던 것 등을 순서 없이 생각해본 다음 그중 인상적인 것을 골라서 글로 정리하면 된다. 그러고 나서 글로 정리한 것을 말하게 하면, 처음보다 논리적이고 체계적으로 자기 생각을 정리하여 다른 사람들이 알아들을 수 있도록 이야기하는 것이 가능해진다. 이러한 과정을 반복하면 생각하는 연습도 되고 이야기하는 방법도 터득하게 된다. 그러다 보면 글을 쓰지 않아도 자기 생각을 조리 있게 말할 수 있다. 말은 연습하면 늘기 마련이다. 생각하기와 쓰기와 말하기를 동시에 연습하니, 인지능력도 좋아지고 말하기도 좋아지는 것은 당연한 결과가 아니겠는가?

문장 표현의 부족한 점을 고칠 수 있다

느린 학습자들에게 글쓰기를 지도해 보면 문장이 끝없이 이어지거나 앞뒤 문장이 연결되지 않으며, 적절하지 않은 조사를 사용하는 경우를 자주 발견하게 된다. 조사나 서술어 등의 문법적 요소들을 적재적소에 사용하지 못하기 때문이다. 특히 적절한 서술어로 끝맺음을 하거나 시제에 맞춰 어미를 종결하는 것에서 매우 큰 어려움을 보인다.

글쓰기를 하면서 어색한 부분을 고치는 과정을 반복함으로써 각 문장 요소의 쓰임을 스스로 생각해보도록 하면 점차 올바른 문장표현을 할 수 있게 된다. 글로 정확한 문장을 쓰는 훈련은 일상생활에서도 정확한 표현을 구사하고 맥락에 맞게 설명할 수 있게 도와준다. 쓰기 능력이 말하기 능력으로 확장되어 언어표현 전반에 걸쳐 어색함이 사라지게 되는 것이다. 이렇게 되면 읽고 이해하는 과정에서도 자연스럽게 글쓴이의 의도를 파악하는 능력이 좋아진다. 문장 쓰기에서 자신의 의도를 표현하는 방법을 익혔기 때문에 다른 사람의 글을 읽어도 그 의도를 이해하는 데 어려움이 줄어든다.

다른 사람의 좋은 표현을 배울 수 있다

느린 학습자에게 글쓰기를 가르칠 때는 '모방하기'를 사용하기도 한다. 다른 사람이 쓴 글을 보고 내용만 조금 바꿔서 쓰는 연습을 하면 생각을 어떻게 표현하는 것이 좀 더 효과적인지 모방을 통해 학습할 수 있다. 글의 구조도 배우고, 문장 표현 방법도 배운다. 주제나 글의 흐름도 모방을 통해 배울 수 있다.

사실 느린 학습자뿐만 아니라 일반인 중에서도 좋은 글을 보고 그대로 적어보는 필사를 꾸준히 하는 사람들이 적지 않다. 태어날 때부터 언어감각이 남달라서 말과 글을 쉽게 익히고 사용하는 사람들도 있지만 대개의 사람들은 가족이나 친구, 학교 선생님과 상호작용을 통해서 좋은 문장이나 단어를 듣고 배운다. 좋은 표현을 쓰는 사람들과 자주 접하게 되면 나도 모르게 비슷한 표현을 사용하게 되니, 이는 무의식 중에 이루어진 '모방하기'라 할 수 있다. 느린 학습자의 표현력을 향상시키려면 가정에서도 부모가 공부 외에 다양한 대화를 나눔으로써 좋은 표현을 듣고 배울 수 있도록 해야 한다.

느린 학습자가 글쓰기를 꾸준히 하면 글을 좋은 문장으로 다듬고 문장 요소를 제대로 사용하는 방법을 지도받는 과정에서 더 매끄러운 표현을 할 수 있게 된다. 바르고 좋은 표현을 할 수 있는 능력은 또래 등과 사회적 관계 맺기에도 긍정적인 영향을 준다.

생각하는 양이 많아진다

느린 학습자들과 글쓰기를 하다 보면 처음에는 한 줄 쓰기도 힘들어한다. 한 줄인지 두 줄인지 모를 애매한 길이의 글을 두서없이 써놓곤 한다. 하지만 힘들어도 자기 생각을 자꾸자꾸 써보도록 하면 어느새 10줄 이상의 긴 글을 거뜬하게 쓸 수 있게 된다.

느린 학습자들이 글을 길게 쓸 수 있다는 것은 생각을 길게 할 수 있다는 말이다. 또한 그만큼 생각하는 양도 많아졌다는 것이다. 그러다 보면 보다 많은 이야기를 나눌 수 있고, 글을 읽으면서도 중요한 일을 더 많이 기억할 수 있으며, 글 내용에 대하여 더 많은 생각을 하거나 이해할 수 있다. 이들을 지도하거나 상담하는 많은 전문가들이 이구동성으로 느린 학습자들은 생각을 열심히 하지 않는다는 이야기를 하기도 하는데, 이제 더는 그런 얘기를 들을 필요가 없어진 것이다. 생각이 많아진 느린 학습자들은 어떤 이야기든지 받아들일 수 있는 준비가 되었다.

느린 학습자에게 글쓰기를 지도하는 4가지 방법

　　잘 쓴 글은 대부분 내용이 명료하고 전달하려는 주제가 분명하다. 느린 학습자에게 글쓰기를 가르칠 때는 말하고자 하는 내용을 스스로 이해하고 명료하게 정하는 연습을 시키는 것이 중요하다. 그리고 나서 풍부한 표현과 양질의 내용으로 글쓰기를 할 수 있도록 지도해야 한다. 정확하고 명료한 표현능력을 갖추게 되면 학습능력이 향상되고 대인관계도 좋아질 것이다. 느린 학습자를 위한 글쓰기 지도의 기초 단계는 모방으로 시작해, 글의 소재를 미리 만들어 놓고 쓰기, 글의 양을 점차 늘려가기, 글에 자기 의견을 넣어 보기 등의 과정으로 이루어진다.

모방

느린 학습자들에게 글쓰기를 가르칠 때 모방하기를 자주 한다. 가능한 한 또래들이나 초등학생들이 직접 쓴 글을 찾아서 읽게 하고, 그들이 글을 구성한 구조나 문장 표현을 그대로 모방하여 자기 이야기를 써보게 하는 것이다. 학급 문집이나 교지는 좋은 재료가 된다. 이러한 문집에서 비교적 구성과 표현이 좋은 글을 찾아 읽어보게 하고 비슷한 형식으로 써보게 지도하는 것이다.

모방하여 글을 쓸 때는 되도록 문장의 표현이나 주제를 비슷하게 적어보도록 지도한다. 내용만 자신에게 맞게 고치면 쉽게 좋은 문장 표현을 쓸 수 있다. 이러한 과정을 여러 번 반복하다 보면 글을 어떻게 써야 하는지 대략 감을 잡게 된다.

다른 사람이 쓴 글을 모방하여 써보기

〈자기소개〉

안녕하세요? 저는 초등학교 6학년입니다. 저의 어머니는 제가 태어날 때 태몽으로 연못에서 커다란 잉어가 헤엄치는 꿈을 꾸셨다고 해요.
저의 외모는 키가 커서 눈에 띄는 편입니다. 체육 시간에도 맨 뒤에 서고 체육 선생님도 키다리라고 별명을 부르십니다.
저는 책을 좋아해서 책을 많이 읽습니다. 제가 가장 감명 깊게 읽은 책은 『해리포터』입니다. 해리포터와 친구들이 수업 시간에 마법을 배우는 장면이 가장 기억이 납니다.
올해 동안 가장 기억에 남은 사건은 수업 시간에 과자를 몰래 먹다가 들킨 일입니다. 반 전체가 야단을 맞았던 것이 많이 억울했다고 생각합니다.

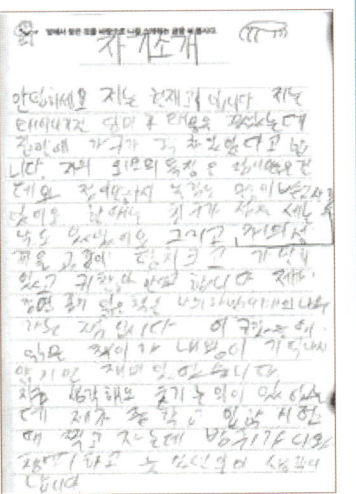

글의 소재 미리 만들어놓기

느린 학습자들은 글쓰기를 할 때 무엇을 쓸지 바로바로 생각하기 어려워한다. 그래서 미리 느린 학습자들이 쓸 만한 글의 소재들을 적어보는 것이 좋다. 내가 좋아하는 것이나 잘하는 것, 즐겨보는 유튜브 등 평소에 쉽게 떠올릴 만한 소재들을 분야별로 추려보게 하는 것이다.

이 과정에서 느린 학습자들의 생활과 관심사도 알게 되는 경우가 많았다. 비록 글을 쓰기 위해 소재를 적어보는 과정이지만 느린 학습자의 관심사에 한층 더 가깝게 다가갈 수 있기도 하여 무척 소중한 기회라고 생각한다.

〈나만의 글쓰기 소재를 적어보기〉

1. 내가 잘하는 일: 청소하기, 설거지, 롤 게임, 길 찾기, 자전거 타기
2. 내가 자주 하는 일: 게임, 핸드폰 라이브, 유튜브, 카톡, 낮잠, 공부, 밤새기
3. 내가 좋아하고 아끼는 물건: 핸드폰, 컴퓨터, 자동차, 헤이카카드, 돈
4. 내가 잘 아는 사람들이나 좋아하는 사람들: 학교 친구들, 우리 가족, 아이유, 또치와 마이콜, 더블비
5. 최근에 새롭게 알게 된 것: 강아지는 똑똑하다, 코로나가 확산되었다, 몸무게, 10월 학교 수련회, 수학에서 이차방정식

글쓰기 소재를 적었다면 글쓰기 공책의 맨 앞장에 붙여 놓는 것이 좋다. 글쓰기를 할 때마다 "오늘은 어떤 것을 써볼까?" 물어보고 이야기를 나누면서 그날 쓰고 싶은 소재를 정하면 된다. 물론 새로운 이야깃거리가 있는 날엔 그걸로 글을 쓸 수 있다. 어쩌면 미리 적어놓지 않았던 소재의 글에 느린 학습자의 마음이나 생각이 더 생생하게 잘 담길 수 있다. 그러므로 글쓰기를 가르치는 초기에는 미리 소재를 정해두어 느린 학습자들이 새롭게 생각해야 하는 부담을 덜어주고, 점차 익숙해지면 그날그날 느린 학습자의 이야기 속에서 소재를 찾아 제안해보자.

글의 양을 늘려가기

느린 학습자들에게 글쓰기를 지도하는 초반에는 '한 줄 글쓰기'를 자주 한다. 문법적 제약이나 길이의 제약 없이 한 줄로 자기 생각을 써보도록 하는 것이다. 보통은 수업을 마치고 그날 활동에서 느낀 점을 한 줄로 써보도록 한다. 무엇이 재미있었고 무엇이 재미없었는지 자기 느낌을 생생하게 적는 것이므로 글쓰기 자체에 대한 거부감이 적다. 이때 학생이 써놓은 글에서 맞춤법이나 조사 등은 간단하게 고쳐줘도 된다. 강하게 나무라지 않고, 가볍게 고쳐주는 것은 학생들도 싫어하지 않는다.

〈한 줄 글쓰기에서 시작하여 여러 줄로 자신의 생각과 느낌을 표현하게 된 사례〉

　한 줄 글쓰기를 조금 확장해 '이유'나 '기대'를 넣어 써보도록 지도할 수 있다. "오늘 만들기 하는 것이 재미있었다."라고 한 줄 글쓰기를 하였다면, 이유를 넣어 "오늘 만들기는 내가 좋아하는 기차를 만드는 것이어서 재미있었다."라는 식으로 쓸 수 있게 지도한다. 또는 기대를 넣어 "오늘은 만들기를 해서 재미있었다. 다음에는 기차를 만들고 싶다."라는 식으로 쓸 수 있게 지도한다. 이유나 기대를 써보면 마음이 좀 더 구체적으로 표현되어 내용이 풍부해지고, 글의 길이도 늘어나게 된다.

- 한 줄 글쓰기
- 이유가 들어가게 쓰기
- 기대가 들어가게 쓰기

이제 막 글쓰기를 시작한 느린 학습자가 단기간에 글쓰기를 잘할 수는 없다. 꾸준히 한 줄 글쓰기를 하다 보면, 조금씩 글의 길이가 길어지고 내용도 다양하게 변해간다. 대략 주 1~2회, 한 학기 정도 꾸준히 글쓰기를 진행하면 조금씩 변화하기 시작하는 모습을 발견하게 될 것이다.

자기 의견 넣어보기

자기 의견 넣어보기는 스스로 생각하기 어려워하는 느린 학습자들에게 매우 중요한 글쓰기 과정이다. 보통 '나는 ~했으면 좋겠다.'라든가 '나는 ~라고 생각한다.' '나는 ~가 더 좋다.'는 문장 패턴을 활용한다. 그냥 "너의 생각을 적어봐."라고만 말하면 느린 학습자는 어떻게 자기 생각을 말해야 할지 몰라 당황스러워한다. 이럴 땐 문장의 패턴을 제시하고 자기가 원하는 패턴으로 표현해보도록 한다. 여러 가지 문장 표현 패턴은 느린 학습자들이 쉽게 표현 방법을 익히게 도와준다.

- 패턴 1: 나는 ~했으면 좋겠다.
- 패턴 2: 나는 ~라고 생각한다.
- 패턴 3: 나는 ~가 더 좋다.

자기 의견은 보통 '나는~'으로 시작하도록 한다. 자기 생각을 드러내는 것이기 때문이다. 자기 생각을 돌아보는 기회를 좀 더 많이 가지도록 느린 학습자들은 '나는~'으로 시작하는 글을 많이 써보는 것이 좋다.

글쓰기는 생각하는 연습을
하게 해준다. 또한 문장을 매끄럽게
다듬고 문장 요소를
제대로 사용하는 방법을
지도받는 과정에서 더 좋은 표현을
할 수 있게 된다.

바르고 좋은 표현을 할 수 있는
능력은 또래 등과
사회적 관계 맺기에도
긍정적인 영향을 준다.

생각하는 틀 만들기

대부분의 글은 일종의 틀, 즉 구조를 가지고 있다. 글의 구조는 집의 기둥이나 우리 몸의 뼈대와 같은 구실을 한다. 글쓰기는 글의 구조를 바탕으로 자신이 말하고자 하는 내용을 펼쳐나가는 것이기 때문에 무작정 이어나가기보다는 나름의 틀이나 구조를 먼저 생각하는 과정이 필요하다.

하지만 느린 학습자들은 거창하고 복잡한 글의 구조나 틀을 만들지 못한다. 물론 어느 정도 글쓰기 연습이 진행되고 나면 가능하겠지만 우리가 글쓰기를 가르쳐야 하는 단계에서 복잡한 글의 구조와 틀을 만들어보라고 하면 처음부터 싫증을 내거나 힘들다고 도망가버릴 것이다.

생각하는 틀 만들기의 단계에서는 가르치는 사람의 노력이 조금 필요하다. 느린 학습자의 생각을 이끌어주고, 요약하거나 정리해주고, 쓰고 싶은 것을 정할 수 있도록 도와주어야 하기 때문이다.

〈가르치는 사람의 역할〉
- 생각을 이끌어내기
- 요약하고 정리해주기
- 쓰고 싶은 것을 정하도록 도와주기

생각을 이끌어내기

사실 글쓰기 지도가 어려운 이유는 느린 학습자의 생각을 이끌어내기가 어렵기 때문이다. 스스로 다양한 생각을 하기 어려운 느린 학습자들에게는 이런저런 생각을 떠올릴 수 있도록 여러 가지 질문을 하고, 즐겁게 맞장구쳐주고, 느린 학습자의 경험을 흥미롭게 경청하는 일이 필수적이다. 느린 학습자가 말하는 것을 재미없어하거나, 도대체 무슨 말을 하는 것인지 몰라 답답해하기만 한다면 그들의 생각을 이끌어줄 수 없다. 또 집중해서 듣다가 그들이 좀 더 폭넓게 생각하고 말할 수 있도록 여러 질문도 해야 한다. 지도하는 사람의 진심 어린 경청이 필수적이란 말이다. 그저 가르치는 것에 급급하여 느린 학습자와 대화하는 것을 즐기지 못한다면 생각을 이끌어주는 것은 불가능하다. 글쓰기를 가정에서 지도하는 경우에도 마찬가지이다. 느린 학습자의 이야기를 진심으로 즐겁게 들어줄 마음의 여유가 없다면 부모가 글쓰기를 가르치지 않는 것이 낫다. 자칫 글쓰기를 싫어하게 만들 것이기 때문이다.

글쓰기에서는 생각하는 과정이 필수적이다. 그러므로 느린 학습자들의 생각을 끌어내기 위해 글쓰기 전에 잠시 이야기를 나누는 것이 필요하다. 느린 학습자들은 이야기 나누기에 능숙하지 않기 때문에 적절한 방법으로 질문하는 기술이 요구된다. 대답을 잘하지 못하고 어물어물하는 느린 학습자와 대화하는 것이 익숙하지 않은 부모나 교사라면 먼저 질문하는 연습부터 하기 바란다. 느린 학습자에게 하는 질문은 되도록 구체적이어야 한다. 무엇을 묻는지 명확해야 대답하기도 쉽다. 또한 느린 학습자들이 늘어놓듯이 이것저것 말한 것을 간단히 정리해서 요약해주는 것도 필요하다. 느린 학습자들은 간추려서 말하기 어렵기 때문에 이것저것 두서 없이 말하는 경우가 많다. 그렇다 하더라도 의욕에 넘쳐 이런저런 이야기를 많이 하는 것은 매우 좋은 일이다. 이야기를 들은 부모나 교사가 '이러이러한 이야기구나.'라고 정리해주면 되니까 말이다.

"느린 학습자와 어떻게 하면 대화를 잘 할 수 있을까요? 아무리 책을 읽고 따라 하려고 해도 잘 안 돼요."라고 말씀하시는 분들이 많다. 책 한두 권 읽고 대화하는 기술이나 질문하는 기술이 향상된다면 얼마나 좋을까? 하지만 그렇게 되기는 쉽지 않다. 질문을 잘하려면 그만큼 많이 해보아야 한다. 유명한 철학자 헤겔이 "양적 변화가 질적 변화를 이끈다."라고 말했던 것처럼 많이많이 해보는 것이 수준 높은 질문을 할 수 있게 만들기 때문이다.

〈질문의 기술〉

- **구체적 질문**: 언제, 어디서, 어떻게, 왜 했는지를 물어보는 질문. (예: 친구랑 어디에 갔었어?)
- **열린 질문**: 대답하는 사람이 다양하게 대답할 수 있도록 하는 질문. (예: 친구가 그렇게 말했을 때 너는 어땠어?)
- **요약하는 질문**: 앞사람이 말했던 것을 정리하고 확인하는 질문. (예: 네가 지금 한 말은 ~하다는 것 같은데, 맞니?)
- **확산적 질문**: 지금 말한 것과 다른 주제나 내용을 말할 수 있도록 이끄는 질문. (예: 참 재미있구나. 그런데 다른 일은 없었니?)
- **선택 질문**: 여러 가지 말한 것 중에서 선택해보도록 하는 질문. (예: 네가 지금 ㅇㅇㅇ한 것들에 대해 말했어. ㅇㅇ, ㅇㅇ, ㅇㅇ, ㅇㅇ, ㅇㅇ을 이야기했는데, 그중 오늘 글로 써보고 싶은 것 두 가지만 골라볼래?)

이처럼 글쓰기에 앞서 느린 학습자의 수준에 맞는 질문을 자주 하여 생각을 많이 할 수 있도록 이끌어주는 것이 선행되어야 한다. 이러한 과정이 익숙해지면, 느린 학습자가 비로소 본격적인 자기 글쓰기에 들어갈 수 있다. 자기 글쓰기는 다른 사람의 글을 모방하는 단계를 넘어서 생각이나 경험을 조리 있게 쓰는 과정을 말한다.

글로 쓰고 싶은 것 3가지 정하고 글쓰기

본격적인 글쓰기에 들어가려면 자기가 쓰고 싶은 소재를 정해야 한다. 무엇으로 글을 쓰고 싶은지는 앞서 미리 적어 놓았던 것들 중에서 고르면 된다. 아끼는 물건이나 친구 등 자기가 쓰고 싶은 것을 정한다. 그런 다음 바로 글쓰기에 들어가지 말고 이야기를 나눈다. 예를 들어 나의 친구에 관해 쓰고 싶다면 친구들과 관련된 다양한 이야기를 나누는 것이다. 친한 친구들은 누구인지, 가장 친한 친구는 누구인지, 무얼 하고 노는지, 오늘은 무엇을 했는지, 친구들과 했던 것 중에서 가장 좋았던 일은 무엇인지 등 여러 가지 이야기를 나누자. 그러고 나서 글로 쓰고 싶은 것을 3개 정도 정해 미리 1번, 2번, 3번으로 순서를 매겨 적어놓는다. 이 세 가지가 글쓰기 기본 틀로 이용된다. 이를 기본 구조로 하여 쓰고 싶은 내용을 쓰면 글쓰기가 좀 더 쉬워진다.

본격적으로 글을 쓰는 연습을 할 때는 각 번호에 해당되는 내용을 두 줄씩 써보도록 한다. 한 줄 정도는 자신의 경험을 있는 그대로 쓰고 다른 한 줄은 느낌이나 이유, 기대 등 생각을 쓰도록 하려는 것이다. 그렇게 세 가지 쓸거리를 각각 두 줄씩 쓰고 나면 그럴듯한 글짓기가 완성된다. 세 가지를 구분하여 쓰면 문단과 주제에 대한 이해도 생길 수 있다. 이와 같은 과정을 10회 이상 진행하다 보면 글쓰는 요령이 저절로 터득될 것이다. 다음은 중학교 2학년인 느린 학습자가 이와 같은 방식으로 글을 쓴 사례이다.

반 회장으로서 해야 할 일

   1. 뽑히는 과정
   2. 작년 회장은 어떠했나?
   3. 내가 생각하는 회장의 역할

회장이 되고 싶은 후보는 손을 들라고 선생님께서 말씀하셔서 내가 손을 들었다. ㅈㅁㅎ, ㅇㅇㅅ도 들었다. 나와 친구들은 다른 아이들과 선생님 앞에서 회장이 되면 어떻게 할 건지 공약을 발표했다. 그러고 나서 나랑 ㅈㅁㅎ랑 겨루게 되었다. 첫 번째 투표 결과는 4대 5였다. 그래서 한 번 더 투표를 하기로 결정했다. 두 번째 투표 결과는 7대 9였다. 결국 내가 회장이 되었다.

작년 회장 ㄱㄴㅎ은 아이들이 시끄러울 때 조용히 하라고 말했다. 하지만 아이들이 말을 듣지 않자 회장은 화를 참지 못하고 결국 아이들에게 소리를 질렀다. 그러자 아이들이 주눅들었다.

내가 생각하는 회장의 역할은 3가지라고 생각한다.

첫 번째, 반 아이들에게 무작정 화를 내지 않고 부드럽게 말한다. 왜냐하면 무작정 화를 내면 아이들이 주눅이 들기 때문이다.

두 번째, 선생님을 잘 도와드리는 것이다. 왜냐하면 내가 도와드리면 선생님이 덜 힘드실 것 같기 때문이다.

세 번째, 항상 솔선수범하는 것이다. 솔선수범이란 반 아이들을 위해 내가 먼저 나서서 도와주는 것을 말한다. 나는 청소를 도와주고 공부를 도와줄 것이다.

나는 반 아이들에게 칭찬받는 그런 회장이 되고 싶다.

자기가 쓴 글을 읽고 말로 설명해보기

글쓰기를 마치고 나면, 자신이 쓴 글을 한 번 읽어보라고 한다. 눈으로 쓱 읽고 나면 글을 보지 않고 어떤 내용이었는지 말해보도록 한다. 이때 글로 쓴 것과 내용이 조금 달라도 된다. 글의 순서가 바뀌거나 빠뜨린 것이 있으면 다시 글을 읽어보고 한 번 더 설명할 기회를 준다. 그렇게 말하기를 마치고 나면 "네가 글로 쓰려던 내용을 충분하게 쓴 것 같니?"라고 내용에 만족하는지 물어본다. 이는 평소 자신의 생각을 시원하게 표현하지 못하던 느린 학습자가 글과 말로 막힘없이 표현했음을 경험하고 자신감을 갖도록 하기 위해서이다. 그러한 경험은 이후에 글을 쓰거나 말을 할 때 당당하게 자기 생각을 표현할 동기를 제공하게 될 것이다.

느린 학습자를 위한 글쓰기는 항상 '생각하기-쓰기-말하기'의 세 과정을 포함해야 한다. 글쓰기라는 과정을 통해 생각하기와 말하기 능력을 동시에 향상시킬 수 있기 때문이다. 느린 학습자를 가르치는 입장에서는 사실 글쓰기보다는 생각하기와 말하기를 더 중요하게 여긴다. 인지능력의 한계를 깨뜨리고 더 나은 인지수준을 가질 수 있도록 기회를 주기 때문이다. 하지만 글쓰기도 소홀히 할 수 없다. 학년이 올라갈수록 과제를 직접 수행해야 하는 일도 많아지고 사회에 나가서도 실용적인 글쓰기는 필수적이기 때문이다.

논리적 글쓰기

논리적 글쓰기란 스스로 생각하는 바를 분명하고 정확하게 글로 표현하는 것이다. 느린 학습자들은 평소에 자신의 생각을 정리하여 말하고 전달하기를 매우 어려워하기 때문에, 논리적으로 표현하는 방법을 배울 수 있다면 크게 성장하는 기회를 얻게 될 것이다.

느린 학습자들에게 논리적 글쓰기를 가르치는 것은 쉽지 않다. 우선 느린 학습자들이 쓰는 활동을 그다지 좋아하지 않기 때문이다. 다양한 글쓰기를 접하고 어느 정도 글쓰기에 익숙해지면 그때 논리적 글쓰기를 배우는 단계에 들어가도록 한다. 예를 들면 논리적 글쓰기에는 다음과 같은 선행 경험이 필요하다.

- 책을 읽거나 어떤 활동을 한 후에 한 줄 글쓰기
- 감정단어를 가지고 자기 경험을 간단하게 적어보기
- 다른 사람의 글을 모방하기
- 시 써보기
- 일기 써보기
- 자기 생각을 세 가지로 정리해서 써보기

논리적 글의 여러 유형 알려주기

논리적 글쓰기 지도는 글을 쓴 사람의 의도가 정확하게 전달되도록 문장을 다듬고, 체계적으로 문단을 구성하도록 지도하는 것이다. 그러나 느린 학습자에게 논리적인 글쓰기 지도를 할 때는 문장과 문단을 강조하기보다는 전체 글의 구조를 강조해야 한다. 자신이 하고자 하는 말이나 생각을 큰 틀에서 정리할 수 있도록 지도해야 한다. 평소에도 전체적인 생각보다는 지엽적이고 부분적인 생각에 머물러 있는 경우가 많은 느린 학습자들에게 문장 오류를 수정하거나 문단 만들기에 초점을 둔 지도를 하게 되면 전체를 보는 눈을 기르기도 전에 어렵다고 생각하여 글쓰기 자체를 회피하는 모습을 보일 것이다. 그래서 먼저 글의 전체 구조나 구성을 배우는 것이 더 효과적이다. 적절한 구조에 맞춰 자기 생각을 정리할 수 있다는 것은 자기 생각을 제대로 담는 그릇을 갖게 되는 것과 같다. 글의 구조는 글의 유형에 따라 달라지므로 여러 가지 유형을 익히고 각각 어떤 구조로 의도를 전달하는지 배우는 것도 중요하다.

우리가 일상에서 접하는 논리적인 글은 유형에 따라 크게 주장하는 글, 설명하는 글, 생활 글로 나눠볼 수 있다. 물론 다른 글들도 있지만 느린 학습자들에게 논리적 글쓰기를 가르칠 때는 비교적 단순하고 간단한 구조를 이용하는 것이 적절하므로 이 세 가지 유형으로 지도하는 방법을 안내하고자 한다.

먼저 각 글의 유형에 따라 어떤 내용이 담기는지 이야기를 나눠보자. 주장하는 글은 글을 쓴 사람이 주장하는 몇 가지 내용이 들어 있다. 그리고 주장하는 이유 또는 근거가 담긴다. 설명하는 글은 독자에게 알려주고 싶은 정보나 사실을 담고 관련되는 예시를 함께 제시한다. 생활 글은 일기나 여행기행문 같은 것으로 글쓴이의 경험과 느낌이 담겨 있다. 이처럼 각기 다른 내용을 담고 있는 여러 가지 글의 유형을 설명해준 다음, 느린 학습자가 쓰려는 소재가 어떤 유형에 적합한지를 골라보게 한다. 예를 들어 주말에 아빠 엄마와 여행했던 이야기를 글로 쓴다면 생활 글이 될 것이다. 또 아파트에서 강아지를 키우는 것이 좋을까 그렇지 않을까에 관한 자신의 입장을 적어보는 글이라면 주장하는 글이 될 것이다.

느린 학습자들에게는 되도록 쉽고 분명하게 설명하는 것이 필요하다. 자신이 쓰는 글의 종류가 무엇인지 알면 자기 생각을 그 틀에 맞춰 쓰는 것에 대한 이해가 좀 더 쉬울 것이다.

- 주장하는 글: 주장과 이유
- 설명하는 글: 정보와 사례
- 생활 글: 경험과 느낌

논리적 글쓰기 지도과정

느린 학습자들에게 여러 가지 글의 종류를 알려주고 구분할 수 있도록 지도하였다면, 이제 본격적으로 글쓰기를 할 차례이다. 느린 학습자들에게 글쓰기를 가르칠 때는 몇 단계의 정해진 지도과정을 수행하면 좋다. 정해진 단계를 반복하면 거기에 익숙해진 느린 학습자들이 어느 과정에서 자기가 무엇을 해야 하는지 스스로 판단할 수 있기 때문이다.

논리적 글쓰기를 하기 위해서는 다음의 5단계 과정을 따르는 것이 효과적이다. 5단계 과정은 글쓰기를 진행하는 매 회기 동일하게 적용된다.

과정 1	확산적 사고와 수렴적 사고	• 확산적 사고과정에서는 되도록 많은 이야기를 자유롭게 말해보도록 한다. • 수렴적 사고과정에서는 자기가 말한 내용을 간추려서 몇 가지로 요약하도록 한다.
과정 2	구조화하기	• 글의 소재를 정한다. • 적합한 글의 종류를 정한다.(주장하는 글로 쓸지, 설명하는 글로 쓸지, 혹은 생활 글로 쓸지 정하는 단계) • 글의 유형에 따라 어떻게 써야 할지 이야기를 나눈다.
과정 3	글쓰기	• 글의 유형에 따라 필요한 내용을 정리하고 자신이 말했던 내용을 글로 써보도록 한다.
과정 4	글 다듬기	• 문장의 어색함이나 문법적 오류를 수정하여 매끄럽게 글을 다듬는 단계이다. • 가르치는 사람이 도와줘도 되고, 학생 스스로 해보도록 지도하여도 좋다.
과정 5	스피치	• 자기가 쓴 글을 읽어보고 나서 다시 보지 않은 상태로 글을 머릿속에 떠올리면서 말해보도록 한다.

과정 1. 확산적 사고와 수렴적 사고

확산적 사고란 범위를 정해놓지 않고 자유롭게 생각을 떠올리는 것을 말한다. 글을 쓰기에 앞서 경험이나 생각을 자유롭게 이야기할 수 있도록 충분한 대화를 나눌 필요가 있다. 사실 느린 학습자들은 언어표현력이 부족하여 마음껏 펼치며 말하기 어려워한다. 그러므로 느린 학습자들이 확산적인 사고를 할 수 있도록 돕기 위해서는 가르치는 사람이 질문과 촉진을 잘해야 한다. 학생의 경험이나 생각에 대하여 진심으로 반응하고 이야기를 들어주면서 궁금한 것들을 질문하다 보면 느린 학습자들 자신도 모르게 대화하는 것에 몰두하여 좀 더 자유롭게 이야기할 수 있게 된다.

수렴적 사고는 마음껏 펼쳐놓은 이야기를 정리하고 요약하는 과정이다. 본격적으로 글을 쓰기 위해서는 여러 가지 글의 소재 중에서 마음에 드는 것을 고르는 과정이 요구된다. 따라서 지금까지 했던 이야기를 갈무리하여 글을 쓸 수 있게 간추리는 활동을 해야 한다. 수렴적 사고가 진행되는 과정 초기에는 선생님이 진행을 주도하다가 익숙해지면 학생 스스로 수행할 수 있게 한다. 이때 느린 학습자는 말로만 해서 머릿속에 잘 정리하기가 어려우므로 시각적으로 내용을 정리요약해 눈으로 볼 수 있게 하는 것이 필요하다. 지금까지 나눈 이야기들을 화이트보드나 종이에 간단하게 그림이나 도표로 요약하거나 써서 보여주면 도움이 된다. 그리고 무엇에 대한 것을 글로 쓸지 정해보도록 한다. 이렇게 하여 글의 소재가 결정된다.

과정 2. 구조화하기

논리적 글쓰기에서 가장 중요한 과정이다. 글의 소재를 정하고, 자신의 의견을 담을 글의 형식 또는 구조를 정하는 과정이다. 경험을 글로 쓰고자 한다면 생활 글의 형식을, 주장하거나 의견을 내는 글이라면 주장 글의 형식을, 어떤 사실이나 정보를 말하고자 하는 것이라면 설명글의 형식을 따라야 한다. 느린 학습자에게 주장 글, 설명글, 생활 글의 형식이나 구조를 설명해주거나 예시를 보여주면서 본인이 쓰려는 글의 형식에 가장 가까운 것을 골라보도록 한다.

　이때 가르치는 사람의 역할이 중요하다. 학생들이 무엇을 어떤 형식으로 쓰겠다고 결정하였을 때, 반드시 간단하고 쉬운 말로 다시 한 번 정리해주어야 한다. 예를 들면 "지금 ○○는 친구와 스케이트 탔던 일에 관해 쓰고 싶다는 거지요? 그때 무엇 무엇을 했는지와 그때의 느낌을 써보겠다는 거네요. 무엇 무엇을 했는지가 경험이고, 그때의 기분이나 생각이 느낀 점이에요. 글을 쓸 때 경험과 느낀 점을 구분하여 써보세요."라고 간결하게 정리해주면 좋다. 학생들이 구조화를 잘하려면 가르치는 사람의 노련함이 필요하다. 따라서 논리적 글쓰기를 가르치려는 사람은 분명하고 쉽게 말하는 요령을 충분히 연습하도록 한다.

과정 3. 글쓰기

　글을 직접 써보는 과정이다. 글의 종류에 따라 참고할 만한 예시 글을 옆에 놓고 쓰는 방법을 참조해도 좋다. 예를 들어 주장하는 글을 쓰고자 한다면, 옆에 주장하는 내용이 담긴 글을 놓고, 어떤 식으로 글을 썼는지 참고하는 것이다. 앞서 설명하였던 모방하기 활동도 도움이 된다. 다른 사람이 만들어놓은 글의 구성을 참고하면서 비슷하게 써보는 것이 배우는 과정에서는 큰 공부가 되기 때문이다. 글쓰기 경험이 없는 사람이 처음부터 글을 논리적으로 구성한다는 것은 거의 불가능하기 때문에 비슷한 형식의 글을 옆에 놓고 참고하면서 글을 써보도록 지도하는 것이 좋다. 글 전체를 모방하는 것이 아니라, 문장 표현이나 글 구성의 형식을 모방하도록 지도하는 것이다.

과정 4. 글 다듬기

글을 쓴 뒤 다시 살펴보며 다듬는 단계이다. 길이가 적당한지, 주어와 서술어가 분명한지, 조사는 적절한지 등을 살피면서 읽어보고 고치는 과정이다. 의미가 잘 전달되게 썼는지에 초점을 두고 글을 고쳐보게 한다. 처음부터 너무 꼼꼼하게 짚어가면서 설명하거나 지적하면 느린 학습자들이 위축될 수 있으므로 반드시 수정해야 하는 부분만 짚어주고, 다음 글쓰기에서 고쳐줄 수 있는 부분은 그냥 지켜보는 것이 필요하다. 한 번에 가르치겠다는 생각은 느린 학습자들에게 큰 부담을 준다. 조금씩 변화해 나갈 수 있도록 여유를 가지고 지도해야 한다.

과정 5. 스피치

글을 눈으로 한 번 읽은 다음, 그 글을 보지 않은 상태에서 내용을 말로 설명하는 단계이다. 이 과정은 글이 아닌 말로써 논리적 언어표현을 할 수 있도록 돕는다. 말로 하다 보면 자신이 써놓은 글과 문단의 순서나 내용이 조금 바뀔 수도 있다. 내용을 정확하게 외워서 말하는 것이 목적이 아니라, 생각을 말로 정리해서 말하는 것 자체가 중요한 활동이므로 내용과 순서가 조금 달라도 지적하지 않는다. 자기가 쓴 내용이 잘 기억나지 않아 말하기 어려운 경우에만 다시 한번 글을 읽고 말해보도록 한다.

이렇게 5단계의 과정을 거치면서 차근차근 글쓰기를 가르치다 보면 학생이 스스로 어떻게 글을 써야 하는지 익숙해지고 점차 한 편의 글을 쓰는 것을 그다지 어렵지 않다고 느끼게 된다. 이 중에서 과정 1, 2, 5가 가장 중요하다고 생각한다. 글을 직접 써보는 활동은 과정 3과 4이지만, 좋은 글과 생각을 만들기 위해서 충분히 이야기를 나누고, 그 내용을 요약하거나 정리한 뒤, 자기가 쓴 글을 다시 말로 이야기하도록 하는 것은 느린 학습자가 논리적 사고를 할 수 있게 만드는 중요한 과정이기 때문이다.

논리적 글쓰기 과정

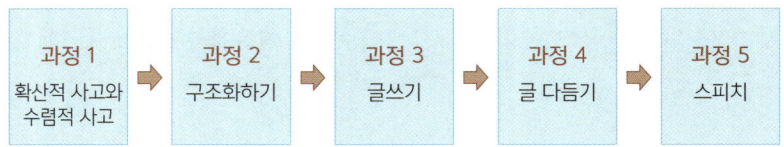

비판적 글쓰기

비판이란 다른 사람의 의견이나 어떤 상황을 분석하고 비교하여 자신의 의견과 같은 점, 다른 점을 구분하는 것이다. 나아가 비판의 대상에 대하여 다른 의견이 있을 때는 자신만의 대안을 제시할 수 있어야 한다. 느린 학습자가 비판할 수 있게 되었다는 것은 비교와 분석, 비슷한 점과 다른 점을 구분할 수 있으며, 자기 생각과 의견을 주장할 수 있다는 것이다. 이는 느린 학습자가 또래 학생들과 견주어 더 이상 뒤지지 않는 사고 활동을 할 수 있게 되었다는 의미이기도 하다. 비판적 사고를 할 수 있게 되면 느린 학습자들은 책을 읽으면서 그 내용에 대한 자신만의 의견을 확립할 수 있다. 독립된 독자로서 자신의 흥미와 관심에 따라 책을 선택하여 읽고 즐길 수도 있다. 또한 의사소통을 하거나 다른 사람들과 어울려 학습을 하는 과정에서 자기 주관에 따른 의견이나 생각을 내놓기도 수월해진다. 더는 다른 사람의 의견에 따라가는 느린 학습자가 아니라 독립된 학습자로서 성장할 수 있게 된 것이다. 이처럼 비판적 사고를 할 수 있는 능력을 느린 학습자에게 가르치는 것은 꼭 필요하다고 중요한 활동이다. 비판적 사고 능력은 비판적 글쓰기를 통해 가르칠 수 있다.

느린 학습자의 비판적 글쓰기

느린 학습자들도 비판적 글쓰기를 할 수 있다. 하지만 모든 느린 학습자가 비판적 글쓰기를 할 수 있는 것은 아니다. 비판적 글쓰기를 할 수 있으려면 꽤 오랫동안 자신의 인지능력과 학습능력을 발전시키기 위해 노력해야 한다. 지금까지 설명하였던 글과 책 읽기 연습 과정을 꾸준히 진행해야 하고, 한 줄 글쓰기에서 6줄 이상 글쓰기를 지속적으로 실천해야 한다. 또한 논리적 글쓰기를 통해 자기 생각을 분명하고 정확하게 정리하는 능력을 발전시켜야 한다. 이렇게 지난한 노력을 해오고 나서야 비판적 글쓰기를 할 수 있게 된다. 비판적 글쓰기를 어느 정도 할 수 있게 되면 스스로 책읽기든 공부든 어느 정도 해볼 만하다는 생각을 하게 될 것이다. 실제로 비판적 글쓰기를 할 수 있는 느린 학습자들은 그동안 공부를 게을리하지 않고 열심히 노력해온 학생들이며 책읽기를 꾸준히 해온 학생들이다.

비판이 무엇인지 설명하자

느린 학습자에게 비판이 무엇인지, 이를 위해 무엇을 해야 하는지 설명한다. 비판이란 글이나 대상을 자세히 살펴보고 사실과 무엇이 다른지, 무엇이 문제인지 알아내어 의견을 내는 것이다. 비판을 잘하기 위해서는 주어진 글을 잘 읽고 정확하게 이해하는 것이 필요하다. 비판하고자 하는 대상을 정확하게 알지 못하고 오해하거나 왜곡한다면 좋은 비판을 하기 어렵다. 정확한 이해를 위해 주어진 글이나 상황을 주의 깊게 살펴보고 이해가 되지 않는 부분이 있는지를 살펴서 질문하고 의견을 나누는 과정이 필수적이다.

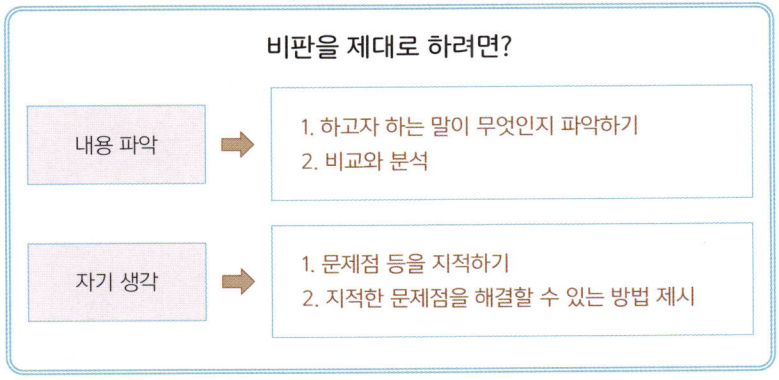

정확한 이해와 나의 의견

느린 학습자들에게 비판적 글쓰기를 가르칠 때는 간단한 논설문이나 주장 글을 이용한다. 글쓴이의 논조가 분명하게 드러난 글을 찾아서 읽다 보면 자신과 다른 생각을 발견하거나 자기 나름의 의견이 생기기 마련이다. 뉴스 기사나 학습지에 실린 주장 글을 이용하여 비판적 글쓰기를 연습해보자.

아래의 글은 아파트에서 개를 키우는 것에 대한 글을 읽고 학생이 자신의 의견을 정리한 것이다. 이처럼 주어진 주장 글을 읽고 글에서 말하는 내용을 정확하게 이해하려면 직접 정리해보는 것이 좋다. 주장 글에서 〈가〉는 아파트에서 개를 키우면 안 된다는 입장이고 〈나〉는 아파트에서 개를 키워도 된다는 입장이다.

내용을 정확하게 이해하기

글 〈가〉	글 〈나〉
주장: 아파트에서 개를 키우면 안 된다.	주장: 아파트에서 개를 키워도 된다.
이유: 1. 털이 날림 2. 시끄럽게 짖음 3. 배설물 4. 사람들이 개한테 물릴 수 있음 의견: 1. 아파트에서 개를 기르는 것은 이기적이다. 2. 단독주택에서 길러라. 3. 아파트는 공동주택이다.	이유: 1. 주의를 기울여 관리하면 된다. 2. 개를 교육해서 짖지 않도록 할 수 있다. 3. 개를 키우는 것은 개인의 자유이다. 4. 반려견은 마음의 안정을 준다. 5. 가족 같은 존재이다. 6. 안내견이나 방범견도 있다. 의견: 개를 키우지 말라는 것은 개인의 자유를 침해하는 일이다.

이처럼 주어진 주장이나 입장을 정확하게 이해하였다면, 이제 자

신의 의견을 써본다. 위의 내용으로 정리하였던 학생은 다음과 같이 자신의 의견을 제시하였다.

> 나의 의견:
> 개를 아파트에서 키워도 된다고 생각한다. 개인의 자유도 있고 문제점을 고치면 된다. 그리고 좋은 점도 많다.

이처럼 비판적 글쓰기는 정확한 이해를 바탕으로 자신의 의견을 제시하게 된다. 위 학생이 쓴 '나의 의견'은 아직 구체성이 부족하고 생각이 정교하지 않다. 하지만 구체적으로 자기 생각을 써보는 연습을 지속하면 좋은 글쓰기를 할 수 있다. 이 학생도 글을 쓴 다음 자신의 의견이 왜 그러한지 말로 설명할 때는 당당하고 확신에 찬 목소리로 스피치를 하였다.

비교와 자기 의견

비판적 의견을 써보는 활동에서 어떤 대상을 비교하는 일은 필수적이다. 예를 들어 우리나라의 전래동화인 콩쥐와 팥쥐, 그리고 서양의 명작동화인 신데렐라는 내용은 다르지만 등장인물의 성격이나 이야기의 구성이 상당히 비슷하다. 이처럼 비슷한 점과 차이점을 명확하게 가진 대상을 비교하는 과정을 거친 후 자신의 의견을 말해보는 활동을 할 수 있다. 또는 하나의 이야기 속 등장인물들을 비교하는 활동을 해볼 수도 있다. 예를 들어 흥부와 놀부의 인물 비교라든지, 혹부리 영감 이야기 속 두 영감을 비교하는 것이다. 선과 악, 좋은 행동과 나쁜 행동이 명확한 전래동화는 인물을 비교하고 자기 의견을 제시하는 활동을 하기에 좋은 소재이다.

콩쥐 팥쥐와 신데렐라의 비교 사례

비슷한 점
계모에게 구박을 받다. 온종일 일한다. 파티(잔치)에 간다. 도와주는 이들이 있다. 사랑하는 사람을 만난다. 신발 한 짝을 떨어뜨린다.

다른 점	
콩쥐 팥쥐	신데렐라
우리나라 동물, 선녀가 도와준다. 일하는 양이 다르다.(더 많다) 파티(잔치)까지 걸어서 갔다. 꽃신을 떨어뜨린다. 사또와 결혼한다.	유럽 쥐, 요정 할머니가 도와준다. 파티까지 호박마차를 타고 갔다. 유리구두를 떨어뜨린다. 왕자와 결혼한다.

나의 의견
신데렐라가 훨씬 더 편했다. 콩쥐가 더 일을 많이 했다. 몇 시간 만났다고 사랑에 빠졌다는 것이 말이 안 된다.

전래동화뿐 아니라 생활 동화 속 인물, 자기 가족이나 친구들을

비교하는 글을 써볼 수도 있다. 아래의 예시는 누나와 자기가 좋아하는 게임을 비교한 것이다. 이처럼 비교하여 차이점과 비슷한 점을 인식하는 활동은 비판적 글쓰기의 기초가 된다.

	나	누나
좋아하는 게임	동물의 숲	젤다의 전설
게임 방법	마을 건설 친구랑 생활	괴물과 싸우고, 아이템을 얻어서 악당을 물리친다.
어떤 점이 마음에 드는가?	친구들과 함께 지내는 것이 좋다.	싸워서 아이템을 얻는 것이 재미있을 것 같다.

이렇게 정리한 내용을 바탕으로 나와 누나가 좋아하는 게임에 대한 글을 써보고 거기에 자기 의견을 달 수 있다면 이 역시 좋은 비판적 글쓰기가 될 것이다.

문제점 파악과 나의 의견

주장 글에서 등장인물이나 저자의 의도와 목적을 파악하고, 그 목적에 부합된 활동을 했는지 찾아서 비판적으로 의견을 제시하는 연습을 한다. 아래의 글은 세계 최초로 세계 공용어를 만들고자 시도했던 독일의 사제 요한 마르틴 슐라이어에 관한 글을 읽고 학생이 자기 의견을 써본 것이다. 먼저 글을 읽고 이 글에서 슐라이어가 세계 최초의 공용어 볼라퓌크를 만든 목적이 무엇이었는지 파악해보도록 하였다.

세계 공용어 '볼라퓌크'에 관한 글을 읽고

볼라퓌크를 개발한 목적은 무엇이었을까?
다른 나라 사람들끼리 소통할 수 있게 하고 싶어서이다.
볼라퓌크 개발의 의의는 무엇이었을까?
세계 공용어를 만들려고 시도했다. 처음으로 노력했다는 점이다.

학생은 볼라퓌크의 목적과 의의가 무엇인지 대화를 통해 많은 의견을 나눈 뒤 위와 같이 정리하였다. 그러고 나서 문제점을 지적하고 자신의 의견을 적어보았다.

볼라퓌크의 문제점은 무엇이었을까?
배우기가 어렵다. 사람들이 볼라퓌크보다 더 쉬운 영어를 배우고 있었다.
나의 의견
세계 공용어는 누구나 배울 수 있어야 한다. 만들기 전에 생각을 많이 할 필요가 있다. 실용적이고 편리한 언어가 있으면 좋겠다. 하지만 있어도 사람들이 배우지 않을 것 같다. 중요한 것은 세계언어가 아니라 소통을 할 수 있는 것이다. 차라리 영어를 배우는 것이 나을 것 같다. 배우지 않고 소통할 수는 없는 것일까? 지금은 번역기가 있다.

대화를 통해 많은 의견을 나눈 뒤 정리한 것이어서 어느 정도 가르치는 사람의 도움이 들어간 결과이다. 그러므로 온전히 느린 학습

자 자신의 의견이라고 말할 수는 없지만 이러한 논의 과정을 거치면서 의견을 어떻게 내는 것인지 이해하게 되고 스스로 비판적 의견을 자유롭게 내는 단계로 발전할 수 있을 것이다.

무엇보다 중요한 것은 사고를 이끌어주는 대화

앞에서 제시한 사례들은 필자가 실제로 느린 학습자들과 했던 수업의 결과물들이다. 느린 학습자들도 논리적으로 의견을 내고 어떤 글이나 대상을 비판적 시각으로 바라보고 나름의 대안을 제시할 수 있다. 이 정도 사고의 성장을 보이는 느린 학습자들은 일상생활에서도 자신감이 생기고 이전에 비해 당당한 태도로 어떤 의견이든 거침없이 말할 수 있게 되었다. 글쓰기가 달라진 것보다 태도와 행동이 달라진 것이 더욱 반가운 일이다.

하지만 중요한 것은 읽기나 쓰기 자체가 아니라, 그러한 결과물을 만들어 낼 수 있도록 가르치는 사람이 지속적으로 느린 학습자를 자극하는 대화를 이끌어야 한다는 점이다. 느린 학습자들이 편안하게 자신의 사고를 발달시키기 위해서는 가르치는 사람들이 꾸준하고 안정적인 상호작용 능력을 갖추어야 한다. 좋은 지도자가 되려면 학생의 마음에 들어갈 수 있어야 한다. 학생이 쉽고 편안한 마음으로 나도 할 수 있겠다는 생각이 들도록 해야 한다. 또한 자신이 무슨 이야기를 하든 야단맞거나 비난받지 않을 것이라는 안전감을 느낄 수 있도록 해야 한다. 결과에 상관없이 좋은 시도를 칭찬하고 더 나은 결과를 이끌기 위해 다른 노력이 필요하다는 점을 생각하도록 해야 한다. 문제는 느린 학습자들이 논리적이고 비판적 사고를 갖지 못한 것이 아니라 가르치는 사람이 그것은 가르칠 준비가 되어 있느냐이다. 가르치는 사람은 느린 학습자를 향한 믿음과 긍정적 태도를 가지고 스스로 좋은 비판가가 되려고 노력하는 것이 필요하다.

비판적 사고 능력은
독립된 학습자가 되는 과정에서
꼭 필요하고 중요한 것이다.
비판을 하려면 내용을 파악해
비교와 분석을 할 수 있어야 하며
문제점을 지적하고
해결 방법을 제시하는 등
자기 생각이 정리되어야 한다.

느린 학습자도 문해력이 향상되면
논리적 글쓰기와 비판적 글쓰기를
할 수 있다.

Part 8.

책을 좋아하는
느린 학습자가 되려면

책읽기가 전부는 아니다. 책을 읽을 때 부모와 어떻게 상호작용하느냐가 느린 학습자들의 발달에는 훨씬 더 중요한 요인이 된다. 함께 즐기는 분위기일때 아이들도 책과 가까워진다.

가정의
문해 환경이
중요하다

앞에서 느린 학습자들의 문해력을 기르는 방법에 관하여 설명하였다. 문해력 발달을 위해 우리가 할 수 있는 방법을 찾아서 차근차근 가르치는 과정은 중요하다. 그러나 느린 학습자에게 직접적으로 문해력을 가르치는 것 못지않게 중요한 것이 있다. 바로 가정의 문해 환경이다. 학생의 지적 능력을 제외했을 때, 문해능력 발달에 영향을 미치는 중요한 변수 중의 하나가 가정의 문해 환경이라는 데는 대부분의 학자 간에 이견이 없는 편이다.

메어 교수는 가정의 좋은 문해 환경 요소로서 3가지를 꼽았다.[1] 첫 번째는 학생의 손이 닿는 곳에 유용한 문해 도구(책과 연필, 종이와 색연필 등)가 있을 것, 두 번째로 성인과 학생 모두가 빈번하게 구어와 문어를 사용함으로써 문해 사용 방법에 대하여 시범을 보여줄 것(성인의 문해 활동 모델링), 세 번째로 성인은 학생들이 문해 활동에 참여하도록 적극적으로 유도할 것이다. 기본적으로 문해 활동을 할 수 있는 책과 필기구, 관련 활동을 위한 기본 미술도구들이 준비된 환경, 성인들의 문해 활동을 자녀들이 자주 목격할 수 있도록 시범을 보이는 분위기, 성인들이 자녀들의 문해 활동 호기심을 자극하고 이끌어서 활동에 참여시키려고 노력하는 분위기가 좋은 문해 환경이라 할 수 있다.

부모 자신도 책이나 글에 관심이 없는데, 느린 학습자인 자녀가 관심을 보일 가능성은 매우 적다. 부모도 매일 유튜브나 게임 화면만 보면서 자녀에게 책을 읽으라고 잔소리하는 것은 바람직한 문해 환경이 아니다. 그렇다고 가정에서 텔레비전이나 스마트폰 등을 다 없애고 학습적인 분위기만 조성하라는 이야기는 아니다. 오히려 필요에 따라 텔레비전이나 스마트폰 등을 조금씩 조절해 사용하도록 지도하면서 동시에 책과 글을 자주 접하게 하는 것이 더 바람직하다. 가정에서 영상매체를 엄격하게 금하면 게임하는 친구만 따라다니거나, 어쩌다 스마트폰을 손에 쥐게 되었을 때 오히려 조절하기 어려워하며 부모에게 눈속임을 할 수도 있다. 동영상 시청을 금지하거나 게임을 못하게 하는 환경이 오히려 더 바람직하지 않은 결과로 이어질 수도 있

---

1) M. J. Maer, 1991.

는 것이다. 더욱이 최근에는 디지털 리터러시digital literacy도 매우 중요하기 때문에 무조건 영상물이나 SNS를 금지하고 책만 보라고 강요하지는 말아야 한다. 중요한 것은 균형 있게 사용하도록 지도하는 것이다. 이 또한 한두 번 가르쳐서 되는 일이 아니라, 수년에 걸쳐 조금씩 습관이 들도록 가르칠 일이다.

문해 환경 또한 그러하다. 단시간에 부모가 반짝 노력한다고 해서 자녀들의 문해력이 좋아지는 것은 아니므로 좋은 문해 환경을 유지하기 위해 충분한 시간 동안 노력할 필요가 있다. 특히 초등학교 입학 전(4, 5세경)부터 중학교 1학년 정도까지의 기간이 중요하다. 그리고 가능하다면 고등학교를 졸업할 때까지도 가정에서 좋은 문해 환경을 유지하기 위해 노력할 필요가 있다.

좋은 문해 환경을 유지하려고 신경 쓰다 보면 가족 간에 언어 사용이 조심스러워지고 되도록 좋은 언어습관을 가지려고 노력하게 된다. 이는 생각과 행동이 조금 더 신중해지는 데 도움이 될 수 있다. 느린 학습자들도 말과 행동이 가듬어지고 생각이 깊어지는 모습을 보일 것이다.

되도록 좋은 문해 환경을 만들기 위해 노력해보자. 환경은 직접적으로 아이들을 가르치지 않지만, 좋은 환경은 그 자체로 아이들 스스로 무엇인가 할 수 있도록 만들기도 한다. 궁금한 것을 질문하면 친절하게 대답해주는 어른이 있는 환경이 필요하다. 날마다 새롭고 무엇인가 알고 싶어지는 환경이 필요하다. 그러려면 책과 책상으로 꽉 찬 문해 환경이 아닌, 호기심을 자극하고 호기심에 대한 답을 얻을 수 있는 그런 환경이 필요하다. 물리적 공간 이상의 좋은 문해 환경이 되기 위해 노력해야 한다.

책 읽는
분위기가
중요하다

우리가 영어 같은 외국어로 된 책을 펼쳐 든 상황을 떠올려보자. 그 언어에 능통하지 않은 한, 대부분 글자를 읽어도 무슨 내용인지 하나도 모를 것이다. 영어 문장 몇 개를 읽고 이해하는 것도 부담되는데 책 전체가 영어로 되어 있다면 내용은 하나도 머리에 들어오지 않고, 언제 다 읽지 하는 마음만 생길 것이다. 느린 학습자가 느끼는 부담감도 그와 비슷하다. 그러므로 느린 학습자에게 억지로 책을 읽으라고만 하지 말고 어떻게 하면 책읽기에 흥미를 느끼게 할까 먼저 생각해야 한다.

느린 학습자들은 주로 만화를 좋아한다. 부모는 느린 학습자가 조금이라도 책을 읽었으면 하는 마음에 얇고 쉬운 책 위주로 골라준다. 하지만 얇고 쉬운 책만 읽거나 등장인물의 표정과 동작이 과장되게 표현된 만화책만 보는 것은 우리 느린 학습자들의 책읽기 수준을 발전시키는 데 한계가 있다. 느린 학습자도 어느 정도 두꺼운 책을 읽도록 해야 한다.

우리가 책읽기를 이토록 중요하게 생각하고 느린 학습자들도 책읽기를 좋아하게 되기를 바라는 이유가 무엇인가? 책을 통해 생각을 발전시키고 스스로 부족한 인지능력을 향상시켜주고 싶은 것이 아닌가? 또한 책을 통해 또래들이 습득하는 지식이나 경험, 다른 사람들의 감정을 받아들였으면 하는 마음이 아닌가? 그러므로 그저 무엇이든 책을 읽으면 좋겠다는 마음에서 벗어나서 느린 학습자들이 수준 높은 독서가가 될 수 있도록 도와주어야 한다. 충분히 가능한 일이다. 중요한 것은 책을 읽는 방법과 책을 읽는 분위기이다.

책을 읽는 방법은 이 책 전체를 통해 이야기하였다. 하지만 책을 읽는 분위기는 비중 있게 다루지 못했다. 느린 학습자들은 아직 스스로 깊게 책에 빠져드는 단계가 아니므로 의도성을 가지고 책에 깊이 빠져들도록 분위기를 만들어주어야 한다. 책 읽는 분위기라고 해서 꼭 차분하거나 조용하거나 엄숙해야 하는 것은 아니다. 오히려 떠들썩하고 신나고 즐거운 분위기일 수도 있다. 책의 내용이 흥미진진하다면? 주인공처럼 신나는 마음이 든다면? 느린 학습자들이 책을 읽는 분위기는 가급적 즐겁고 명랑하며 따뜻하며 감정교류가 활발하게 일어나는 것이 좋다. 혼자 책을 읽기보다는 누군가와 대화를 나누면서 독서를 한다면 감정을 주고받으며 상호작용하는 책읽기가 될 것이다. 책읽기 자체보다는 좋아하는 사람과 함께하는 경험으로서 책읽기가 기억되어야 한다. 그러다 보면 느린 학습자들은 글자의 양, 책의 두께와 관계없이 독서를 서서히 좋아하게 될 것이다.

책읽기가
전부는
아니다

　　느린 학습자가 책읽기를 좋아하든 좋아하지 않든 부모 입장에서는 자녀가 되도록 책을 자주 읽었으면 하는 마음이 크다. 책읽기를 통해 많은 어휘를 접하고 이해력과 판단력이 커질 수 있게 어릴 때부터 자녀가 책과 친숙해지도록 노력하는 분들도 많다. 어려서부터 부모와 함께 책 읽기를 많이 경험한 느린 학습자들은 그렇지 않았던 느린 학습자들과 확실히 다르다. 언어능력도 좋고, 생각하는 힘도 월등히 좋다. 그러므로 책읽기 경험은 느린 학습자들에게 소중한 발전의 기회가 되는 것이 틀림없다.

　　하지만 책읽기가 전부는 아니다. 부모가 읽어주는 책 속 지식이나 이야기들만이 느린 학습자들을 발달시키는 것은 아니기 때문이다. 책 읽기 자체도 중요하지만, 책을 읽을 때 부모와 어떻게 상호작용했느냐가 느린 학습자들의 발달에는 훨씬 더 중요한 요인이 된다. 부모와 책을 읽는 동안 나눈 경험이 느린 학습자에게는 매우 중요하다.

책을 읽는 동안 부모와 자녀가 눈 맞춤을 해야 한다. 20여 년 전에 필자는 일본인 심리학자를 도와서 일본과 한국 어머니들이 자녀에게 책을 읽어줄 때 이뤄지는 상호작용을 관찰하여 비교하는 연구에 참여한 적이 있다. 이때 두 나라의 어머니들이 자녀에게 책 읽어주는 모습을 비디오로 녹화하여 초 단위로 분석했는데 놀라운 차이를 발견하였다. 한국 어머니들은 대체로 무릎에 자녀를 앉히고 같은 방향을 바라보면서 책을 읽어주고 있었고, 일본 어머니들은 마주 앉아서 눈을 서로 바라보면서 책을 읽어주고 있었다. 둘 다 모두 자녀에게 긍정적이고 유의미한 효과를 가져올 것이다. 따뜻한 품에서 목소리를 들으며 책을 보는 것은 정서적 안정감에 큰 도움이 되고, 마주 앉아서 읽으면 상대의 표정을 관찰할 수 있고 눈빛을 교환하며 마음을 나눌 수 있다. 그러나 가끔은 우리도 일본 어머니들처럼 마주 앉아서 책 읽기를 함께 하면 어떨까 하는 생각이 든다. 특히 느린 학습자들은 다른 사람들의 감정이나 의도를 파악하기 어려워하므로 책을 읽는 동안 상대의 표정과 눈빛, 행동을 관찰하면 사회인지능력을 향상시키는 데 도움이 된다. 어떤 자세로 책을 읽든, 함께 읽는다는 것은 사람들 사이에 정서적 교감이나 사회적 메시지가 오가는 과정이다. 그러므로 느린 학습자가 책의 내용을 이해했는지 안 했는지에만 관심을 가져서는 안 된다. 다양한 상호작용이 일어날 수 있도록 서로 얼굴도 마주 보고, 미소도 교환하고, 온화한 눈빛으로 기다려주며 느긋한 마음으로 책을 읽어야 한다. 특히 눈빛을 교환하는 것은 헤아릴 수 없이 많은 정서적 교감과 다양한 사회적 의미를 담고 있다.

책을 읽는 동안 부모와 자녀는 많은 대화를 나누기도 해야 한다. 책 속에는 많은 대화거리가 있다. 등장인물이 어떤 고민을 가지고 있다면 그걸 계기로 서로의 고민을 나눌 수도 있다. 책은 무겁고 어두운 주제에 대해서도 대화할 수 있게 해준다. 이혼한 가정의 느린 학습자라면 그 상황을 이야기 나누는 시간도 필요하다. 느린 학습자라고 인생의 무겁고 어두운 부분을 모른 채 살아갈 수는 없다. 언젠가 독서 선생님이 부모의 이혼으로 엄마와 단둘이 사는 아이에게 『아빠와 피자놀이』 같은 그림책을 읽어줘도 되는지 질문해온 적이 있다. 당연히 읽어줘도 된다. 느린 학습자든 어린 유아든 아빠와 함께 살지 않는 현실에 대해 이야기 나눌 권리가 있다. 이 책을 읽고 상처받을까 염려되기도겠지만, 오히려 누구에게도 질문할 수 없었던 부모의 이혼에 대하여 함께 이야기 나누고, 아이가 상처받지 않도록 도움되는 이야기를 해줄 수 있다. 또한 책에는 강한 사람과 약한 사람, 상처받은 사람과 상처 주는 사람들의 이야기가 종종 나온다. 일상에서 약자의 입장인 경우가 많은 느린 학습자들과 책을 통해 진정한 강자는 어떤 사람인지, 남을 괴롭히는 사람에게 어떻게 대처해야 하는지 이야기 나눌 수 있다. 책은 이처럼 평소에 생각해보지 못했던 이야깃거리나 다양한 현실 문제를 바라보기에 좋은 매개이므로, 책을 읽으면서 느린 학습자들이 평소 답답하게 생각했을 만한 주제들로 이야기를 나누면 좋겠다.

많은 부모나 교사들이 아이들에게 책 읽어주는 것을 과제로 생각하는 경향이 있다. 내심 빨리 책을 읽어주고 다른 일을 해야지, 하고 생각한다. 그러면 느린 학습자들도 책읽기를 '해치워야 하는' 과제나 숙제로 여기게 된다. 책 읽는 동안은 다른 할 일을 잠시 미뤄두고 느긋하게 마음을 먹으면 좋겠다. 몇 권 읽어야겠다고 정할 필요도 없다. 단 한 권이라도 즐기면서 읽겠다는 마음이 필요하다. 함께 책을 읽는 부모나 교사가 독서 후 무엇을 해야지, 마음먹고 있거나 책 속에서 무엇을 가르쳐야지 생각하고 있는데 학생들이 엉뚱한 이야기를 한다면 마음이 조급해지고 책읽기가 즐겁지 않게 된다.

책읽기를 하는 동안 엉뚱한 이야기를 하는 느린 학습자들의 관심을 허용하는 일도 필요하다. 물론 지나치게 몰입하는 주제가 있어서 무슨 일을 하든지 그 주제와 연관 지으려는 느린 학습자들도 종종 있다. 예를 들어 매일 유튜브 동영상 보는 재미에 한창 빠져 있는 느린 학습자는 어떤 이야기를 나누더라도 번번이 자기가 본 영상과 연결시키려고 할 것이다. 그렇더라도 책의 어떤 부분이 그 유튜버를 생각나게 했는지 살펴보고 아이가 하고자 하는 이야기를 들어주는 것도 필요하다. 자기가 하고 싶어 하는 이야기만 하고 상대를 경청하기 어려워하는 느린 학습자에게는 상대방의 말을 잘 듣고 상대방이 내 이야기에 관심 있어 하는지 살펴야 한다는 대화의 룰을 말해줘야 한다. 대화 훈련 중 느린 학습자가 계속 자기 할 말만 하면 듣지 않고 싶다고 말해도 된다. 이 또한 대화하는 방법을 이해하고 주의하도록 연습하는 과정이 될 수 있다. 만일 그렇게 해도 여전히 자기 할 말만 하고 상대방에게는 전혀 관심이 없는 느린 학습자라면 사회성 관련 어려움이 있으므로 전문기관을 찾아보는 과정이 필요하다. 하지만 책 읽는 동안 풀어놓는 어느 정도의 엉뚱한 이야기는 느린 학습자의 평소 관심을 파악할 수 있도록 해주고 자신의 이야기를 경청해주는 상대방의 모습을 통해 대화하는 방법을 배울 기회가 될 수도 있으므로 허용하는 것이 좋다.

책을
좋아한다는 것은
배움을
즐기는 것이다

대개 책읽기를 좋아하는 사람들은 호기심이 많고 배우는 것을 좋아한다. 그러므로 우리 느린 학습자들이 책을 좋아하여 읽는 것을 즐기게 된다면 이처럼 좋은 일이 없을 것이다. 오랫동안 상담을 진행해온 한 청년 느린 학습자는 책을 참 좋아한다. 사실 이 마음이 너무 지나쳐 용돈의 대부분을 책 사는 데 쓰는 바람에 이를 조절하도록 조언을 자주 하고 있다. 그는 책을 즐겨 읽다 보니 날마다 지식이 늘어나는 게 눈에 보일 정도였다. 물론 사회성이 아직도 부족하여 눈치 없는 행동을 하기도 하지만 책을 읽으며 여러 사람에 대해 깨달은 바가 많은지 간단하게 설명하는 내용도 잘 이해하여 자기 삶 속에서 실천하겠다고 다짐하곤 한다. 그는 이다음에 직접 책을 쓰고 싶다는 포부도 갖고 있다.

늘 누군가가 설명해주고 쉽게 이해할 수 있도록 도와주어야 간신히 이해하던 느린 학습자들도 점차 스스로 알아가고자 하는 욕구가 생겨나고 그 방법을 익히면 배움을 즐길 수 있게 된다. 초등 고학년쯤 되면 친구들을 관찰하거나 유튜브를 보고 따라 하는 등 무언가를 습득하고자 하는 모습을 자주 보인다. 이처럼 느린 학습자들도 스스로 배우는 힘을 가지고 있다. 일찍이 책 읽는 것을 소중하게 생각하도록 습관을 잘 들여 준다면 앞서 예로 들었던 느린 학습자처럼 책을 통해 지식을 늘려가고 세상을 배워가는 사람이 될 수 있다. 물론 책이 가장 좋은 지식의 매체라고 주장할 수는 없을 것이다. 하지만 스쳐 지나가는 현실에서 배울 수 없는 많은 것들을 우리는 책을 통해 배운다. 동영상은 즐겁게 보아도 이내 그때의 느낌이나 생각을 흘려보내게 되지만, 책은 한 지점에 오래 머물러 생각을 정리할 수 있게 해준다. 다듬어진 언어표현을 익히는 데도 도움이 된다. 느린 학습자들이 꾸준히 책 읽는 습관을 들이고 그 즐거움을 알게 되기 위해서는 어느 정도 부모나 교사의 노력이 필요하다. 책을 꾸준히 함께 읽으며 책읽기를 좋아할 수 있도록 그 과정을 함께 즐겨야 한다. 또한 책을 읽으면서 많은 대화를 나눔으로써 생각의 확장과 깊이를 더하는 방법을 알려주어야 한다.

스스로 책읽기를 즐긴다는 것은 무엇인가를 알고 싶은 욕구가 충만하며, 삶에 대한 긍정적인 욕구가 많다는 것이다. 또한 무엇인가를 새로 배우는 즐거움을 알고 있기에 끊임없이 자신을 발전시킬 요소를 찾게 만들어준다. 느린 학습자들도 책읽기를 즐기게 됨으로써 그 모든 과정을 스스로 밟아나갈 수 있을 것이다.

언제까지
부모가 끼고
가르칠 것인가?

　　느린 학습자에 관한 강연을 할 때면 자주 받는 질문 중의 하나가 "언제까지 부모가 끼고 가르쳐야 하나요?"이다. 느린 학습자의 부모는 대개 초등학교에 입학한 순간부터 아이들의 공부를 옆에서 늘 돌봐주고 있다. 공부를 가르치다 보면 우리 아이가 배움이 느리다는 걸 절실히 느끼게 되고, 그럴수록 자녀 학습지도에 강박처럼 매달리게 되는데, 그러한 노력을 언제까지 해야 하나 싶어 막막해하는 것이다. 학령기 내내 신경을 쓰며 고등학교 때까지 느린 학습자의 학습을 돌봐주는 부모들도 많다. 그러나 시기별로 목표를 세워 지도하지 않으면 부모와 자녀 사이가 나빠지기 쉽다. 순응적이던 아이는 점점 무기력한 모습으로 변해가고, 부모의 노력과 열정에 부합하지 않는 자녀에게 실망해서 관계가 점점 나빠지니, 나중에는 공부 소리만 해도 아이가 화를 내는 지경에 이르기도 한다.

느린 학습자들의 학습에 관련된 지도는 중학교 시기가 되면 어느 정도 방향이 정해진다. 공부를 계속해서 지도해야 하는지, 아니면 아이의 재능을 찾아서 지도해야 하는지 윤곽이 잡힌다. 만일 이때 윤곽을 잡지 못해도 고등학교 시기에는 필연적으로 앞으로 살아갈 방향에 관해 결정하게 되는데, 사실 학습에만 목을 매다 보면 적응 여부와 관계없이 대학 진학을 목표로 하는 진로 선택을 하게 된다.

느린 학습자의 부모는 자녀들이 독립적인 학습자가 될 수 있도록 도와주어야 한다고 생각한다. 독립적인 학습자라고 해서 교과 공부를 스스로 알아서 척척 해내는 수준을 말하는 것이 아니다. 스스로 글을 읽고 이해하는 능력을 갖추면 곧 독립적인 학습자라고 할 수 있다. 교과 학습을 할 때 어려운 낱말을 스스로 찾아가면서 공부할 수 있는 아이, 스스로 책을 읽고 즐기는 아이로 양육하는 것을 목표로 했으면 한다. 이를 위해서는 학교 성적에 너무 연연하지 말고 꾸준히 책을 읽는 습관을 들이는 데 관심을 가져야 한다. 부모는 아이의 학교 성적이 낮으면 교사나 친구들이 무시한다고 생각하는데 절대로 그렇지 않다. 교사도 또래 친구들도 공부를 못해서 무시하지 않는다. 오히려 이해력이 부족해서 다른 사람들의 말을 오해하여 혼자 화를 내거나 친구들이 하는 대화에 제대로 끼지 못하는 경우를 더 걱정해야 한다. 무시당하는 이유가 절대로 성적 때문이 아니라는 의미이다.

　느린 학습자들이 독립적인 학습자가 되려면 스스로 읽고 이해하는 능력과 자기 생각을 글로 쓸 수 있는 능력을 갖추어야 한다. 두 과정은 더 어려운 글을 읽고 그 내용을 스스로 자신의 지식으로 만들어가는 데 필수적인 기술이기 때문이다. 글을 읽어도 제대로 이해할 수 없다면 좀 더 어려운 글을 소화해야 하는 초등 고학년부터 공부에 많은 무리가 따른다. 그러다 보면 공부를 점점 기피하다가 어느 순간 포기하는 공포자(공부 포기자)가 되고 마는 것이다. 이렇게 되어서는 안 된다. 느린 학습자들이 독립된 학습자가 되어 자기 삶에 꼭 필요한 지식과 기술을 배워나가려면 읽고 이해하는 능력과 글 쓰는 능력을 적어도 중학교 시기까지는 꾸준히 연마해야 한다. 대학 진학을 하지 않고 바로 직업인이 되는 길을 선택하더라도 이러한 능력은 공통적으로 요구되는 것이다. 요사이는 유튜브 등의 플랫폼이 발달하여 필요한 지식이나 기술을 책 이외의 매체로 쉽게 배울 수 있지만 읽고 이해하는 능력과 글 쓰는 능력은 그렇게 해서 얻어지지 않는다. 영상물이 글이나 책을 대신할 수 없는 것이다. 느린 학습자들이 독립적인 학습자가 되기 위해 읽기와 쓰기의 중요성을 이해하고 꾸준히 노력하도록 환경을 조성하고 격려하는 분위기를 만들어갔으면 좋겠다.

문해력은 단시간의 노력으로
좋아지지 않는다.
좋은 문해 환경을 유지하기 위해
오랜 시간 노력해야 한다.
특히 초등학교 입학 전부터
중학교 1학년까지의 기간이 중요하다.

환경은 직접적으로
아이들을 가르치지 않지만,
좋은 환경은 그 자체로
아이들 스스로 무엇인가
할 수 있도록 만들기도 한다.

스스로
배움을
즐기게 하라

느린 학습자들이 스스로 책읽기와 글쓰기를 통해 배움을 즐기게 돕는 일도 중요하다. 책읽기를 습관화하고 글쓰기를 즐기도록 하려면 어느 정도 노력이 요구된다. 하지만 느린 학습자들에게 노력이란 참으로 어려운 일이다. "이제부터는 열심히 할게요."라고 말하지만 별로 달라지지 않는 모습에 부모나 교사는 "왜 약속을 지키지 않니?"라고 다그치게 된다. 이때 두 가지를 생각해야 한다. 첫 번째는 느린 학습자들의 이 말은 스스로 책을 읽어보거나 공부하겠다는 결심의 표현이지 부모와 약속한 것은 아닐 수 있다는 점이다. 그러니 부모들은 아이들에게 약속을 안 지킨다고 실망하거나 다그치지 않으면 좋겠다. 두 번째는 '열심히' 하는 게 어떻게 하는 것인지 잘 모르는 느린 학습자들이 많다는 것이다. 열심히 책을 읽는 게 책을 많이 읽는다는 것인지, 한 권을 읽겠다는 것인지도 잘 모를 수 있다. 구체적 행위와 '열심히'를 연결 짓지 못하다 보니 그저 책 앞에 앉아 있는 것이 열심히 책을 읽고 공부하는 것이라고 생각한다. 실제로 느린 학습자를 키우는 부모님들은 가정에서 "혼자 알아서 공부할게요(또는 책 읽을게요)."라고 해놓고 책을 대충 넘기거나 펼쳐만 놓고 멍하니 다른 곳을 바라보는 자녀들을 본 적이 있을 것이다.

느린 학습자에게는 '열심히 노력'이라는 말 대신 구체적인 행위를 가르쳐야 한다. 조용히 눈으로만 읽었을 때 글의 내용 파악을 잘하지 못하는 느린 학습자라면 '소리 내어 2번 읽기'라고 구체적인 행위를 가르쳐야 한다. 또는 '소리 내어 1번 읽고, 한 줄 요약하기'와 같은 행위를 연습해야 한다. "혼자서 공부해라."라는 말의 의미를 진정으로 이해하고 실천하기 전까지는 '7시부터 흥부와 놀부 책 소리 내어 읽기 2번'과 같이 행동 중심의 리스트를 실천할 수 있도록 해야 한다. 이러한 방법은 학년과 관계없이 스스로 독서하는 습관이 잡히지 않은 모든 느린 학습자들에게 적용된다. 독서나 학습 차원에서 열심히 해야 할 행동들을 어느 정도 연습했다면, 어느 순간부터는 스스로 무엇을 할지 그 목록을 적어보도록 하는 과정이 필요하다. 처음에는 부모가 함께 화이트보드나 메모판 등에 적어놓고 오가며 눈에 보이도록 게시하는 것이 좋다. 그리고 놓치지 않게 챙겨서 실천하도록 격려하고 잘했을 경우 아낌없이 칭찬해주어야 한다. 그러한 과정을 한 학기 정도 하였다면, 그다음부터는 책읽기를 어떻게 할지 스스로 적게 한다. 이러한 과정을 초등 고학년이 될 때까지 꾸준히 하다 보면 서서히 책 읽는 습관이 몸에 배어서 스스로 책읽기를 즐기는 단계로 나아갈 것이다.

책읽기를 도전과제로 하여 성취 욕구를 자극하는 것도 좋은 방법이다. 요즘에는 스마트폰 앱에서 미션을 정해 일정 기간 실천하고 SNS와 연결하여 놀이처럼 진행하는 챌린지를 흔히 접할 수 있다. 이러한 앱에 있는 도전과제들의 특징은 '쉽고 간단'하며 '구체적인 행동'을 '짧은 기간' 동안 실천하고 '보상'이 주어진다는 것이다. 책읽기를 습관화하는 과정에도 적용할 수 있다.

- 느린 학습자가 쉽고 간단하다고 느낄 수 있어야 한다.
- 책읽기와 글쓰기를 구체적인 행동으로 실천하도록 한다.
- 짧은 기간에 할 수 있어야 한다.
- 작은 보상이 있어야 한다. 너무 큰 보상은 오히려 습관을 나쁘게 한다.

예를 들면 2주 동안 '하루 4페이지씩 소리 내어 읽고 한 줄 요약 쓰기' 도전 과제를 정했다면, 읽는 과정을 녹음하고 한 줄 요약을 사진 찍어서 매일 가족 단톡방에 올리도록 할 수 있다. 그때마다 이모티콘으로 가족들이 칭찬해준다면 자녀의 마음에 책 읽고 글쓰기가 재미난 놀이처럼 느껴질 것이다.

이러한 노력들은 스스로 배우는 즐거움을 몸으로 익히게 한다. 책 읽어라 글을 써라 잔소리만 듣다 보면 책은 지겹고 재미없는 것이라는 고정관념이 굳어질 것이다. 스스로 배우는 것이 즐거운 일이라는 생각이 들고 얼마든지 재미있는 방법으로 자신의 배움을 이끌어가게 되면 그때부터는 부모나 교사가 걱정할 필요가 없다.

당당히
자기 생각을
말하게 하라

책읽기는 말하기와 연결해 지도해야 한다. 책의 내용뿐 아니라 인상 깊었던 부분, 등장인물, 책의 배경, 주인공의 성격이나 기분 등 책을 읽고 나눌 수 있는 이야기들은 매우 많다. 비슷한 경험을 한 적이 있다면 당시의 행동이나 생각, 어떤 마음이었는지 들어볼 수도 있다. 책을 읽고 여러 가지 이야기를 나누는 것은 평소에 기분이나 생각을 어떻게 표현해야 하는지 몰라서 말하기를 피하는 느린 학습자들이 책 속 낱말이나 문장, 그림의 표정을 빗대어 자신을 설명할 수 있도록 하기 위해서다.

또한 글쓰기 지도도 항상 말하기와 연결해야 한다. 왜냐하면 말하기를 어려워하는 느린 학습자들이 이야기를 시작하기 전에 자기 생각을 정리해보는 연습을 글쓰기로 할 수 있기 때문이다. 생각 없이 말을 하게 되면 오해를 사거나 앞뒤가 안 맞는 말을 하여 후에 난처한 상황이 벌어질 수도 있다. 사실 초등부터 고등학교에 이르는 학령기의 느린 학습자들은 학교에서 주변의 눈치를 살피느라 말하는 상황을 회피하는 경우가 많아서 난처한 상황에 놓이는 일도 비교적 적은 편이다. 하지만 제때 말하기 연습을 충분히 못 하면 성인이 되고 사회에 나가 생각 없이 또는 두서없이 이야기하다가 주변 사람들에게 무시당하거나 난처한 상황에 놓이는 경우가 많아진다. 따라서 학령기 동안 말할 기회를 많이 가져야 하고 어떻게 말하는 것이 좋은지를 배울 수 있어야 한다. 앞서 설명한 바와 같이 느린 학습자들은 생각하면서 동시에 말하는 것을 잘하지 못한다. 그래서 글쓰기를 하면서 말할 것을 정리하는 연습을 한 다음 자신이 적어놓은 것을 토대로 하고 싶은 말을 하는 연습하도록 한다.

느린 학습자들은 여러 부분에서 어려움이 크다. 다른 사람의 말이나 교사의 설명을 이해하는 것도, 책을 읽고 내용을 이해하는 것도 어렵다. 필요한 무엇인가를 요구해야 할 때나 부당한 일을 당할 때도 어떻게 말해야 하는지 몰라 위축된다. 이래서는 세상을 당당하게 살아가기 힘들다. 다른 사람들이 하는 말도 잘 이해할 수 있고, 내게 주어진 글이나 책도 어느 정도 이해할 수 있어야 하며, 나를 부당하게 대하는 사람들에게 부당하다고 말할 수 있어야 한다. 읽기와 쓰기는 이해력과 표현력을 길러 주므로 이러한 어려움을 해소하는 데 도움이 된다. 느린 학습자들이 마음껏 이해하고 마음껏 표현하도록 도와주는 것이 우리가 할 일이다. 당당한 느린 학습자로 성장할 수 있도록 돕는 일 말이다.

당당함은 어렸을 때부터 길러지는 태도이다. 읽기를 가르치느라 느린 학습자들을 주눅들게 하고 글쓰기를 가르치느라 그들을 위축되게 한다면 당당한 아이로 양육하고자 하는 우리의 목표와 전혀 다른 아이로 성장시킬 수 있다. 무엇을 느리게 배우거나 쉽게 이해하지 못하는 것은 그들의 의도가 아니다. 전혀 혼낼 일이 아니다. 틀린 답도 당당하게 말하도록 허용하고 무엇이 틀렸는지 기죽지 않고 배울 수 있도록 우리가 이끌어줄 때 느린 학습자들도 얼마든지 스스로 자기 몫을 해낼 거라고 믿는다.

열심히 하는 게 어떻게 하는 것인지
잘 모르는 느린 학습자에게
'노력'이라는 말은
너무 막연하고 어렵다.

노력하라는 말 대신,
구체적으로 지금 할 수 있는 것을
가르쳐야 한다.

함께 행동 목록을 정하고
즐거운 도전이 되도록
이끌어주는 것은
스스로 배우는 삶을 살아가도록
도와주는 일이다.

나가며

　지금까지 느린 학습자들에게 문해력을 길러주는 여러 가지 방법을 이야기하였습니다. 이 책에 담긴 내용들은 제가 치료실에서 늘 사용하는 방법이기도 합니다. 쉽게 풀어서 쓴다고 하였으나, 어쩌면 다소 복잡하고 어려운 설명이 되었을지도 모르겠습니다. 하지만 느린 학습자와 이 과정을 차근차근 익혀나가다 보면 어느새 그들의 문해력이나 사고력이 성장해가는 모습을 볼 수 있을 것입니다.

　문해력은 단 몇 달의 노력으로 크게 향상되지는 않습니다. 1~2년을 두고 차근차근 조금씩 키워간다고 생각하는 것이 좋습니다. 유창성 지도에 3~4개월, 상상하기 지도에 1~2개월이 걸리는 등 이 책에 수록된 방법들을 다 하려면 2년 이상 걸릴 수도 있습니다.
　하지만 길게만 느껴지는 이 기간 동안에 느린 학습자들은 문해력 기술만 좋아지는 것이 아니라 진정으로 책을 좋아하고 즐기는 학생으로 변화할 수 있습니다. 글을 이해하고, 책읽기를 사랑하며, 나와 세상을 이해하는 사람. 바로 우리가 보고 싶어 하는 모습일 것입니다. 그러니 이 책에 수록된 내용을 빠르게 따라오지 못한다고 느린 학습자를 탓하지는 마시기 바랍니다. 조금씩 조금씩 글의 내용을 이해하고 글의 맛을 즐기며 책과 함께하는 시간이 길어진다면 진정한 독립된 사고를 하는 사람이 되어가는 것이니까요. 충분히 그럴 것이라고 믿습니다.

이제 글을 마치면서 이 책이 나오도록 애쓴 분들의 노고를 말씀드리고 싶습니다. 먼저 지루하고 딱딱해질 수 있는 이야기를 읽기 편하고 보기 좋게 편집해준 '학교도서관저널'에 깊이 감사드립니다. 책이 저자만의 결과물이 아니라는 생각이 절로 드는 시간이었습니다. 그리고 그 누구보다, 느린 학습자도 학습능력을 끌어올릴 수 있음을 증명해준 모든 학생과 학부모님께 감사하다고 말하고 싶습니다. 그들의 노력과 변화 성장하는 모습은 저를 포함한 많은 이들에게 가장 큰 격려와 희망이 되고 있습니다.

끝으로 당부하고 싶은 이야기가 있습니다. 느린 학습자를 가르칠 때마다 '여기까지가 한계가 아닐까' 하는 생각이 많이 들겠지만, 그 한계를 인정하지 말고 계속해서 조금씩 노력하겠다고 다짐하시면 좋겠습니다. 학생이 느리듯 부모도 느리게 가야 합니다. 학생과 부모, 가르치는 사람이 같은 속도로 천천히 노력하다 보면 어느새 배움의 속도가 빨라지고 있음을 분명 실감하게 될 것입니다. 그 과정에 이 책이 조금이나마 도움이 되셨길 바랍니다.

▷ **참고문헌**

Part 1. 느린 학습자가 문해력을 갖추려면?

김순복(2009). 독해력 향상을 위한 중심내용 찾기 단계별 지도 효과 연구. 광주여자대학교 석사학위 논문.
강진순(2021). 문해력 향상을 위한 그림책 놀이 프로그램 개발: 지역아동센터 초등학생을 대상으로. 광주교육대학교 석사학위 논문.
Schendel, Roland Kerry(2009). "Voices of striving elementary readers: an exploration of the enhancement of struggling reader research through portraiture methodology". Dissertations. Paper 246.

Part 2. 독해력보다 유창성 연습이 먼저

김종훈(2017). 읽기장애 학생을 위한 읽기 유창성 지도 프로그램 개발과 적용. 대구대학교 박사학위 논문.
장은실(2003). 초등학교 1학년 아동의 읽기능력연구: 소리내어 읽기과제를 이용한 오류유형 분석을 중심으로. 이화여자대학교 언어병리학 석사학위 논문.
강백향(2020). 두꺼운 책읽기 프로젝트. 한봄출판사.

Part 3. 느린 학습자에게 필요한 기본 문법

김주영, 김자경(2016). 학령기 경계선 지적 기능 아동의 읽기 하위영역별 특성. 언어치료연구, 25(1), 67-76.
김애화, 박선희(2019). 명시적 국어문법 교수가 중학교 읽기부진학생의 문법지식 및 읽기 유창성, 읽기 이해에 미치는 효과. 교육연구, 76, 9-33.
김혜란(2016). 경계선지능 아동의 관형절 내포문 이해. 단국대학교 석사학위 논문.

윤나네(2017). 초등 저학년 경계선 지능 아동의 보조사 전제 이해: 은/는, 만, 도를 중심으로. 단국대학교 석사학위 논문.
Tong, X., & McBride, C. (2017). A reciprocal relationship between syntactic awareness and reading comprehension. Learning and Individual Differences, 57, 33-44.
이재성, 이윤빈(2010). 문법지식에 기초한 문장 교육이 글쓰기에 미치는 효과. 문법교육, 13.
권민희, 엄은경(2021). 기적의 국어문법. 길벗스쿨.
네이버 지식백과. 문장 부호 (한글글꼴용어사전, 2000. 12. 25., 세종대왕기념사업회)

Part 4. 글 읽기를 위한 추리력 기르기

이성영(2021). 공감적 읽기 교육의 필요성과 방안. 독서연구, 60.
최순영, 김수정(1995). 인간의 사회적 성격적 발달. 학지사.
윤혜련, 김영태(2005). 학령기 단순언어장애 아동의 이야기 이해특성. 언어청각장애연구.
양연주(2021). 경도지적장애학생의 텍스트유형에 따른 읽기 이해 및 추론 연구. 대구대학교 석사학위 논문.
정부자(2011). 초등학교 저학년 읽기부진아동의 읽기능력 및 읽기관련변인에 대한 종단연구. 언어치료연구, 20.
정성희(2007). 배경지식을 활성화한 추론중심 듣기활동이 학령기 경도 정신지체 아동의 추론 이해역에 미치는 영향. 단국대학교 석사학위 논문.
황진애(2007). 학령기 아동의 읽기 이해력 발달: 중심내용파악, 참조 및 추론능력을 중심으로. 이화여대 석사학위 논문.

Part 5. 문단 단위로 생각하기

전천석(2007). 독해전략 지도방안연구. 숙명여대 교육대학원 석사학위 논문.

최금철(2017). 중학생 독해 능력 향상을 위한 효과적인 교수 방법 연구. 창원대 교육대학원 석사학위 논문.
유소정(2019). 문단쓰기 활동 교육방안 연구. 서강대학교 교육대학원 석사학위 논문

Part 6. 읽기를 위한 이해의 틀

전명자(2004). 유아의 정신적 표상능력의 발달: 가상과 틀린 믿음을 중심으로. 국민대학교 대학원 유아교육전공 석사학위 논문.
박혜인(2020). 만 4세 유아의 상상력 발달을 위한 환상동화 그림책 읽기 실행연구. 중앙대학교 교육대학원 석사학위 논문.
이창선(2011). 그래픽 조직자 활용이 국어학습부진아의 어휘력과 독해력에 미치는 영향. 서울교육대학교 교육대학원 석사학위 논문.
한수정(2013). 의문사를 이용한 자발적 언어표현훈련이 발달지체유아의 표현언어에 미치는 영향. 우석대학교 석사학위 논문.
정영아(2011). 문장구성요소별 사진을 활용한 언어훈련이 자폐성 장애아동의 의문사 및 구문이해에 미치는 효과. 창원대학교 석사학위 논문.
이정원(2019). 그림텍스트 중심의 그림책 읽기 활동이 유아의 이야기 이해력과 그리기 표상능력에 미치는 영향. 경인교육대학교 교육전문대학원 석사학위 논문.
정진호(2017). 누구나 할 수 있는 정진호의 비주얼씽킹. 한빛미디어.
강옥려(2004). 학습장애학생을 위한 그래픽 조직자(graphic organizer)의 이론적 근거와 적용. 이화여자대학교 특수교육연구소. 특수교육, 3(1)

Part 7. 느린 학습자를 위한 글쓰기

서재철(1999). 초등학교 고학년 어린이들의 글쓰기에 나타난 문장결함분석. 한국초등국어교육 15(15). 131-162.
권순희(2008). 논리적인 글쓰기 능력 향상을 위한 연구. 창원대학교 대학원 박사학위 논문.
양명희, 이영숙, 정희창(2006). 초등학교용 쓰기 교재 개발 방안 연구. 작문연구, 2집.
김수영(2006). 전자 포트폴리오를 활용한 쓰기지도가 경계선급 지능 아동의 쓰기 능력

에 미치는 영향. 단국대학교 특수교육대학원 석사학위 논문.
이춘근, 김명순(2003). 읽기, 쓰기 능력 발달을 위한 문장 교육 교재 개발 연구. 국어교육학 연구, 18.

Part 8. 책을 좋아하는 느린 학습자가 되려면

이강이, 성미영, 장영은(2008). 가정문해환경과 유아의 어휘 및 읽기 능력. 대한가정학회지, 46(10).
송승훈(2019). 나의 책읽기 수업. 나무연필.
남미영(2021). 공부머리 완성하는 초등독서법. 21세기북스.
최희수(2010). 우리 아이 내면의 힘을 키우는 몰입독서. 푸른육아.

느린 학습자를 위한 문해력

1판 1쇄 발행 2022년 11월 30일
1판 7쇄 발행 2025년 12월 8일

지은이	박찬선
펴낸이	한기호
책임편집	여문주
편 집	서정원, 박예슬, 송원빈, 이선진
마케팅	윤병일, 신세빈
경영지원	김윤아
디자인	박소희
펴낸곳	(주)학교도서관저널
출판등록	제2009-000231호(2009년 10월 15일)
주 소	서울시 마포구 동교로12안길 14(서교동) 삼성빌딩 A동 3층
전 화	02-322-9677
팩 스	02-6918-0818
전자우편	slj9677@gmail.com
홈페이지	www.slj.co.kr
ISBN	978-89-6915-132-2 03370

ⓒ 박찬선 2022

- 이 책은 저작권법에 따라 보호를 받는 저작물이므로 무단 전재와 무단 복제를 금합니다.
- 책값은 뒤표지에 적혀 있습니다.